天津外国语大学学术论丛

基于认知语义视角的汉韩隐喻对比研究

JIYU RENZHI YUYI SHIJIAO DE HAN-HAN YINYU DUIBI YANJIU

朱丽彬 著

世界图书出版公司

广州·上海·西安·北京

图书在版编目（CIP）数据

基于认知语义视角的汉韩隐喻对比研究 / 朱丽彬著. —广州：世界图书出版广东有限公司，2018.8
ISBN 978-7-5192-5068-3

Ⅰ.①基… Ⅱ.①朱… Ⅲ.①隐喻－对比研究－汉语、朝鲜语 Ⅳ.①H15②H555

中国版本图书馆 CIP 数据核字（2018）第 187727 号

书　　　名	基于认知语义视角的汉韩隐喻对比研究 JIYU RENZHI YUYI SHIJIAO DE HAN-HAN YINYU DUIBI YANJIU
著　　者	朱丽彬
策划编辑	刘正武
责任编辑	张东文
出版发行	世界图书出版广东有限公司
地　　址	广州市海珠区新港西路大江冲 25 号
邮　　编	510300
电　　话	020-84451969　84459539
网　　址	http://www.gdst.com.cn/
邮　　箱	wpc_gdst@163.com
经　　销	新华书店
印　　刷	广州迪桦印刷有限公司
开　　本	787 mm×1092 mm　1/16
印　　张	17
字　　数	275 千字
版　　次	2018 年 8 月第 1 版　2018 年 8 月第 1 次印刷
国际书号	ISBN 978-7-5192-5068-3
定　　价	39.00 元

版权所有　侵权必究

咨询、投稿：020-84460251　gzlzw@126.com

（如有印装错误，请与出版社联系）

서문

주려빈 교수는 의미론을 연구하는 학자이다. 주려빈 교수는 한국에서 매우 의미 있는 논문을 발표하여 주목을 받은 바 있다. 그 첫째가 한국어 '가다'와 중국어 '去', '走'의 의미를 분석하여 양 언어의 동사 연구에 한 획을 그었으며 둘째는 한국과 중국의 개념적 은유 표현을 대상으로 양 언어의 은유 표현에 대한 연구를 통해 양국의 사고방식을 이해하는 데 새로운 지평을 연 논문이다.

주려빈 교수는 평소 한국어를 가르치면서 양국의 학습자들이 단어의미와 문장의미를 습득할 때 겪는 어려움을 도와주기 위해 많은 노력을 기울인 바 이 논문 역시 그런 차원에서 쓰인 것이다. 주려빈 교수의 이 두 논문이 편집되어 한 권의 책으로 간행된다고 하니 매우 뜻 깊은 일이 될 것이며 한국어 의미를 습득하고자 하는 학습자들에게 매우 중요한 길잡이가 될 것을 본다.

주려빈 교수의 한국어 '가다'와 중국어 '去', '走'의 동사 대조에서 주목할 점은 양 언어의 다의적 의미 확장 양상을 분석한 것이다. 외국어를 배우는 과정에서 가장 어려운 것은 서술어 즉 동사의 기능과 의미를 습득하는 것이다. 한 단어는 다의적 성질을 가지고 있어서 기본적인 단어의미만을 알아서는 문장의 의미를 이해할 수 없다. 단어의미 습득에 있어서 기본적인 의미를 알아야 할 뿐만 아니라 단어의 의미 확장도 반드시 이해해야 한다. 이런 점에서 이 저서는 양 언어의 주요 동사인 '이동동사'를 중심 대상으로 다의적 의미 확장을 연구하여 양 언어를 이해하고 습득하는 데 중요한 모티브를 제공하고 있다.

주려빈 교수의 양 언어의 은유 표현 연구는 사실상 쉽게 접근할 수 없는 연구 대상이다. 은유 표현은 한 언어의 의미체계에서 가장 고도한 표현방법으로서 한 언어의 사회 문화적인 요소가 생활 문장 표현 속에 다 녹아 있으므로 양 언어의 의미체계를 완전하게 이해하지 못한다면 이 연구는 할 수 없다. 주려빈 교수의 은유 연구는 주려빈 교수가 중국인이지만 한국인보다 한국어에 더 풍부한 식견을 가지고 있다는 것은 반증한다. 더욱 주목할 것은 최근 미국 언어학은 컴퓨터공학과 연결된 인지언어학이 활발히 연구되고 있는 바, 이 연구는 인지의미론 학자 Lakoff의 이론을 참고하여 양 언어의 은유표현을 연구한 것이므로 이 연구가 국제적인 연구로서 주목을 받을 수 있는 충분한 가치를 지녔다고 할 것이다. 또한 최근에 수집된 언어 자료-신문 기사에서 수집한 살아 있는 은유 표현-를 대상으로 연구하여 실제적이고도 생동적인 언어자료를 활용하고 있다는 것이 이 저서의 장점이다.

아마도 주려빈 교수의 이 저서는 중국이건 한국이건간에 양 언어를 학습하는 학습자들이 보다 이론적이고 논리적으로 양 언어의 의미를 습득하는 데 크게 도움을 줄 것으로 보이며, 양 언어를 연구하고자 하는 연구자들에게도 큰 도움이 될 것이다. 끝으로 주려빈 교수의 저서 출간을 진심으로 축하하는 바이다.

2017년 가을
최상진

序译文

朱丽彬老师是研究语义论的学者，曾在韩国发表过颇具意义的论文并受到关注。作者的第一部论文分析了韩语"가다"与汉语"去、走"的语义，为韩汉动词对比研究画下了浓墨重彩的一笔；第二部论文以韩中的概念隐喻表达为研究对象，从认知的角度对韩汉隐喻表达进行研究，为理解两国国民的思维方式开创了新局面。

作者在平时的韩语教学过程中，为帮助学生解决在学习单词含义与句子含义时所遇到的困难，倾注了许多心血。两部论文就是作者从这一角度出发写作而成。我认为作者将两部论文合编成一书出版，其意义深远且能为研究学习韩语语义的学生引导方向。

值得注意的是，作者在韩语"가다"与汉语"去、走"的语义对比中，分析了韩汉两种语言的多重语义扩展现象。在学习外语的过程中，最难的部分就是谓语也就是动词的功能与语义习得。一个单词往往有多重含义，因此理解了单词的基本含义并不意味着就能理解句子的含义。在单词的语义习得过程中，不仅需要熟

悉单词的基本含义，还要了解单词的扩展语义。在这一点上，作者的著作以韩语与汉语的主要动词——移动动词为主要对象，研究了两种语言的语义扩展，并为韩汉两种语言的理解与习得提供了重要参考。

　　实际上，研究韩汉两种语言的隐喻表达并非易事。隐喻表达，是一门语言的语义体系中最为高度化的表达形式，每种语言的社会文化因素都融入其日常语言表达当中。因此，如未完全理解两种语言的语义体系，则很难对两种语言的隐喻表达进行深入研究。作者的这一研究，从侧面体现了其身为中国人却有着不逊于韩国人的丰富韩语知识。更值得注意的是，近年来美国语言学界对与计算机工程紧密相关的认知语言学研究持续升温，作者在新著中参考 Lakoff 的理论对韩汉两种语言的隐喻表达进行了研究，其研究成果在国际学术界上也颇值得关注。此外，作者收集和分析的隐喻表达来自新闻报道中的语言资料，研究资料既实际又生动，可以说是作者著作的优点。

　　我相信作者的著作不仅能帮助中韩两国学生更理论、逻辑地习得韩汉两种语言，也能为两国语言的研究者们提供帮助。最后，祝贺作者的著作出版，是为序。

崔尚镇
2017 年秋
于韩国庆熙大学

前　言

　　隐喻普遍存在于所有语言。20世纪70年代末，随着认知科学与认知语言学理论的发展，隐喻不再拘泥为文学或修辞学的研究对象，逐步发展成为语言学的研究热点。隐喻与认知方法息息相关，是揭示语言与思维、语言与文化之间关系的重要课题。

　　Lakoff&Johnson于1980年出版《Metaphor we live by》提出现代隐喻理论，自此认知语言学隐喻系统研究不断升温。笔者自硕士研究生阶段以来，一直对隐喻研究怀有深厚的兴趣，硕士及博士学位论文均与认知语言学、与隐喻研究相关，这两部学位论文构成了本书的基本内容与框架。

　　本书包括两部分，第一部分是以汉韩移动动词为研究对象，从认知语义的视角对比韩语"가다"与汉语"去、走"的语义扩展并分析总结其不同之处，揭示汉韩移动动词语义扩展过程中的隐喻思维。第二部分是以语篇为研究对象，对比分析汉韩语篇里由基本"概念隐喻"组成的"事件结构隐喻"，从社会文化与语言思维的关系入手，寻找汉韩语言隐喻表达出现异同的深层原因。

　　第一部分，以认知语言学的视角，从基本语义和扩展语义、

扩展的现象及方法等几方面对比分析了韩汉移动动词"가다"与"去、走"的异同,并整理出韩汉移动动词的常用隐喻与转喻。首先,从"가다"与"去、走"的词典释义中归纳出各个动词的基本语义,以移动动词主要包含的行为人、出发点、移动、到达点、路径等要素为标准,对比分析三个动词。其次,本书从各个动词的常用搭配及表达出发,具体分行为人的隐喻扩展、移动性质的扩展等几方面,归纳出各个动词的语义扩展现象及方法,揭示韩中移动动词在语义扩展过程中的隐喻思维。

第二部分笔者收集中韩两国权威报纸的新闻报道内容,整理出中韩两国语言中典型的隐喻表达和现象后,深入对比分析了汉韩语言表达中的"事件结构隐喻"。"事件结构隐喻(Event Structure Metaphor)"由基本"概念隐喻"构成,它通过空间整合和语篇机制,构成语篇隐喻,事件结构隐喻的空间框架是具体社会文化属性的空间。

本书从"状态是位置"、"变化是运动"、"动因是力量"、"行动是自动推进的运动"、"遇到的困难是运动中的障碍"、"目标是目的地"、"方式是通往目的地的路径"、"外部事件是大的运动物体"等"事件结构隐喻"的基本图式出发,用具体的隐喻加以实例化,分析中韩两国语言在阐述一个事件时的相同与不同之处。同时,为了读者能更好地理解"事件结构隐喻",从底部认知层上重新将其归类,从方位隐喻、本体隐喻、关系隐喻三方面进行具体的对比分析。论证过程中辅以大量实例,并加上映射图示、隐喻认知模式等图示,让读者能更加直观地理解相关内容。事件结构隐喻用于政治、经济或外交话语分析中,可以更好地发现中韩

两国外交及经贸关系的现状、变化、动因、困难、解决方式，分析出两国意识形态与价值观传递的不同，在外语表达及翻译中发挥作用。

本书注重实际语言资料的收集与分析，注意论证结合，为求从知识性和实用性两方面对读者有所帮助。知识性方面，本书既从词汇的语义扩展角度，分析词汇语义扩展过程中的隐喻思维；又从篇章隐喻的角度，分析汉韩两种语言表达中的"事件结构隐喻"，大大地丰富了认知语言学的现代隐喻理论。实用性方面，本书的研究对象均为汉韩语言学习者、研究者熟悉的常用词语及表达，便于读者学语言的同时学文化，可谓一举两得。本书适用于学习韩语和汉语的学生，从事韩语教学的教师及语言研究者、翻译工作者和其他爱好韩语学习的人士。希望本书能帮助读者提高自己的跨语言跨文化交际能力和翻译水平。

韩国庆熙大学的崔尚镇教授是我的恩师，也是韩国国内在语义及认知语言学研究领域建树较多、居功至伟的学者之一。过去十年的学习和研究中，我一直得到恩师的指导、栽培和支持，感激之情难以言表。如今恩师拨冗为拙著写序，并给我以鼓励，笔者深为感动。

朱丽彬
2018 年 5 月
于天津外国语大学

目 录

第一部分 韩语'가다'与汉语'去'、'走'的语义对比研究

1. 绪论 3
   1.1 研究目的与必要性 3
   1.2 前人研究 5
   1.3 研究范围与方法 9
2. 理论背景 11
   2.1 语义的用法论 11
   2.2 语义扩展 15
   2.3 隐喻与转喻 19
   2.4 对比分析 23
3. '가다'与'去'的对比分析 27
   3.1 词典释义对比分析 27
      3.1.1 '가다'的词典释义 27
      3.1.2 '去'的词典释义 30

3.1.3 '가다' 与 '去' 的词典释义对比 32
3.2 语义扩展现象对比分析 35
3.2.1 基本语义对比 35
3.2.2 语义扩展对比 39

4. '가다' 与 '走' 的对比分析 61
4.1 词典释义对比分析 61
4.1.1 '走' 的词典释义 61
4.1.2 '가다' 与 '走' 的词典释义对比 63
4.2 语义扩展现象对比分析 64
4.2.1 基本语义对比 64
4.2.2 语义扩展对比 66

5. 结论 77

第二部分 中韩事件结构隐喻对比研究

6. 绪论 83
6.1 研究目的 83
6.2 前人研究 88
6.3 研究对象与方法 97

7. 概念隐喻理论 103
7.1 关系隐喻 108
7.2 本体隐喻 124
7.3 方位隐喻 125

7.4 意象图式 130

8. 中韩关系隐喻表达对比分析 135
　　8.1 '移动—变化'隐喻 136
　　8.2 '力量—动因'隐喻 151
　　8.3 '运动—行动'隐喻 166
　　8.4 '目的地—目标'隐喻 181
　　8.5 '路径—方式'隐喻 185

9. 中韩本体隐喻表达对比分析 191
　　9.1 '物体—属性'隐喻 192
　　9.2 '物体移动—变化'隐喻 198
　　9.3 '目标物—目标'隐喻 203
　　9.4 '障碍—困难'隐喻 205

10. 中韩方位隐喻表达对比分析 209
　　10.1 '低位'隐喻 211
　　10.2 '高处'隐喻 214
　　10.3 '深谷'隐喻 216
　　10.4 '泥泞地'隐喻 219
　　10.5 '闭塞处'隐喻 221

11. 结论 229

参考文献 235

附录 247

목차

제1부 한국어 '가다'와 중국어 '去', '走'의 의미 대조 연구

1. 서론 3
   - 1.1 연구 목적 및 필요성 3
   - 1.2 선행 연구 검토 5
   - 1.3 연구 범위 및 방법 9

2. 이론적 배경 11
   - 2.1 '의미'의 용법설 11
   - 2.2 의미 확장 15
   - 2.3 은유와 환유 19
   - 2.4 대조 분석 23

3. '가다'와 '去'의 대조 27
   - 3.1 사전적 의미 대조 27
     - 3.1.1 '가다'의 사전적 의미 27
     - 3.1.2 '去'의 사전적 의미 30

3.1.3 '가다'와 '去'의 사전적 의미 대조 32
3.2 의미 확장 양상 대조 35
  3.2.1 기본 의미 대조 35
  3.2.2 의미 확장 대조 39

4. '가다'와 '走'의 대조 61
  4.1 사전적 의미 대조 61
    4.1.1 '走'의 사전적 의미 61
    4.1.2 '가다'와 '走'의 사전적 의미 대조 63
  4.2 의미 확장 양상 대조 64
    4.2.1 기본 의미 대조 64
    4.2.2 의미 확장 대조 66

5. 결론 77

제2부 한·중 개념적 은유 표현 대조 연구

6. 서론 83
  6.1 연구 목적 83
  6.2 선행 연구 검토 88
  6.3 연구 대상과 방법 97

7. 개념적 은유 표현의 이론적 배경 103
  7.1 구조적 은유 108
  7.2 존재론적 은유 124
  7.3 지향적 은유 125

    7.4 영상도식 130

8. 한·중 구조적 은유 표현 대조 분석 135

  8.1 이동-변화 은유 136
    8.1.1 '뛰다'의 은유 표현 139
    8.1.2 '날다'의 은유 표현 143
    8.1.3 '내딛다'의 은유 표현 147
  8.2 힘-원인 은유 151
    8.2.1 동사에 의한 은유 표현 154
    8.2.2 명사에 의한 은유 표현 156
    8.2.3 문법 요소에 의한 은유 표현 159
  8.3 움직임-행동 은유 166
    8.3.1 행동의 속도는 움직임의 속도 169
    8.3.2 행동의 시작은 움직임의 시작 172
    8.3.3 조심스러운 행동은 조심스러운 움직임 174
  8.4 목적지-목적 은유 181
  8.5 경로-수단 은유 185

9. 한·중 존재론적 은유 표현 대조 분석 191

  9.1 사물-속성 은유 192
  9.2 사물의 이동-변화 은유 198
  9.3 목표물-목적 은유 203
  9.4 장애물-어려움 은유 205

10. 한·중 지향적 은유 표현 대조 분석 209

  10.1 '낮은 곳'에 따른 은유 211

10.2 '높은 곳'에 따른 은유 214
10.3 '깊은 곳'에 따른 은유 216
10.4 '진 곳'에 따른 은유 219
10.5 '막힌 곳'에 따른 은유 221

11. 결론 229

참고문헌 235

부록 247

제1부 한국어 '가다'와 중국어 '去', '走'의 의미 대조 연구

1. 서론

1.1 연구 목적 및 필요성

논문은 한국어 '가다'와 중국어 '去', '走'의 의미에 대하여 구체적인 용례를 통해 대조, 분석한 후 이들의 다의적 의미 확장 양상을 파악하여 '가다'와 '去', '走'의 공통점과 차이점에는 어떤 것들이 있는지 살펴보고자 한다.

인간은 언어를 통하여 자기의 생각과 의사를 전달한다. 일반적으로 의사소통의 기본 단위는 문장이다. 또한 문장의 중심은 동사이며[1] 문장의 다른 모든 성분은 모두 동사와 관련을 지어 의미

---

[1] 최창렬(1999:25)은 한 문장에서 의미의 중심이 되는 것은 동사이며, 이 동사는 문장의 남은 부분이 가지는 성격을 결정하고, 명사는 다만 이 동사의 제약에 의해 수반되는 주변적인 것일 뿐이므로, 언어의 본질을 규명하는 초점은 하나의 문장을 대표하는 핵심 요소인 동사의 의미 구조를 해명하는 데 있다고 지적하였다. 呂叔湘(1987: 12)에서 '動詞是句子的中心, 核心, 重心, 別的成分都跟它掛鉤, 被他吸引。(동사는 문장의 중심이고 핵심이다. 문장 속의 다른 성분은 모두 동사와 관계를 가진다.)'라고 하였으며 胡裕樹, 范曉(1996:37)에서도 '動詞在句法結構中活動能力最強, 大部分詞類都要跟它發生一定的結合關係, 動詞是句子里最重要的部分。(동사는 문장 구조에 있어 가장 뛰어난 활동력을 가지고 있으며 대부분 품사와 결합하고 작용된다. 동사는 문장의 가장 중요한 부분이다.)'라고 하였다. 모두 다 동사와 동사 연구의 중요성을 강조한다.

를 생성한다.

　동사가 한 문장의 의미를 결정하는 데 매우 중요한 역할을 하고 있다. 한국어의 동사는 크게 상태 동사와 동작 동사로 나눌 수 있다. 또한 동작 동사는 상태 동사 보다 한층 더 동사적이라고 볼 수 있다. 동작 동사 중에서는 장소, 이동을 나타내는 이동 동사야 말로 동사의 핵심이라고 말할 수 있다. 그 중에 가장 기본이 되는 동사는 '가다'이다. 사용빈도수가 높고 의미도 많은 동사 '가다'는 한국어를 외국어로 배우는 중국인 학습자들에게는 비교적 어렵다고 할 수 있다. 또한 한국어의 '가다'라고 하면 흔히 중국어에서는 '去', '走'와 대응된다고 생각한다.

　한국 국립국어연구원의 『표준국어대사전』에서 '가다'의 의미를 살펴보면 총 34 개가 있다. 중국 『現代漢語詞典』에서는 '去'의 의미가 총 14 개 있으며, '走'의 의미는 총 9개를 제시한다. '가다'와 '去', '走'의 의미가 이렇듯 많이 등재되어 있다는 사실은 각각의 단어 의미가 기본 의미에서 다양하게 확장되었다는 것을 의미한다. '가다'와 '去', '走'는 비슷한 기본적인 의미를 지니고 있을 뿐 아니라 많은 변화 과정을 거쳐서 모두 다의어[2]의 성격을 지니며 각 언어의 기본 어휘의 하나로서 아주 빈번히 사용되는 중요한 어휘이다.

　외국어를 배우는 과정에서 가장 어렵게 느껴지는 문제 중의 하나는 바로 다의어이다. 이는 단어의 기본적인 의미를 알아야 할

---

[2] Ullmann(1962:35)은 다의어를 '공시적으로는 한 단어가 둘 이상의 의미를 가지는 것이고, 통시적으로는 한 단어가 그 이전의 의미를 가지고 동시에 하나 또는 여러 개의 새로운 의미를 얻은 것'이라고 정의하였다.

뿐만 아니라 단어 이용 과정에서 일어나는 의미 확장도 이해해야 하기 때문이다. 위에서 본 것처럼 한국어의 '가다'와 중국어의 '去', '走'의 의미는 다양하다. 물론 기본적인 의미에서는 비슷하겠지만 이들이 의미 분화를 거치면서 확장된 의미는 한국어와 중국어가 서로 다르다는 것을 알 수 있다. 그렇기 때문에 중국인이 한국어를 배울 때 이들의 의미 관계를 정확하게 파악하지 않는다면 가장 기본이 되는 이들 단어를 사용함에 있어 어려움을 배제하기란 힘들다고 본다.

그런 의미에서 이 논문은 한국어의 '가다'와 중국어의 '去', '走'가 가지고 있는 의미의 공통점과 차이점이 어떤 것이 있는지 살펴보고, 더 나아가 한·중 언어의 대조와 한국어 교육의 발전 그리고 중국인 학습자에게 도움을 주는 것이 그 목적이라 할 수 있다.

1.2 선행 연구 검토

한국어의 '가다'와 중국어의 '去', '走'는 각각 언어에서 가장 일반적이고 기본적인 동사이므로 양국 학계에서 많은 연구가 전개되었다. 우선, 한국에서의 '가다'에 대한 연구를 살펴보도록 한다.

이기동(1977)은 동사 '오다'와 '가다'를 반의어로서 이들의 의미를 분석하고 있으며, 이기동(2000)에서는 다의어 '가다'의 의미가 은유와 환유[3]에 의해서 확대됨을 살펴보고, '가다'의 의미 확장에 쓰이는 은유로는 여섯 가지의 은유와 환유와 주관적 이동

---

3 은유와 환유에 대해서는 다음 2장 이론적 배경에서 구체적으로 설명한다.

이 있다는 것을 밝혔다.[4]

최혜경(1985)은 동사의 의미 확장을 연구하는 과정에서 '오다'와 비교하며 '가다'는 운동자가 화자의 위치에서 출발하여 다른 장소로 이동하는 것을 원형적 의미로 한다고 주장한다. 또한 '가다'의 의미가 추상영역으로 확대되면, "감정이 움직인 것, 현재이던 시간이 과거가 되는 것, 상황이 현재로부터 미래를 향해 지속되는 것, 비정상 상태나 부정적 상태로 변화하는 것, 또는 사라지는 것, 죽는 것"을 표현할 수 있다고 설명하고 있다.

류재복(1992)은 반의어 '오다'와 '가다'의 사전적 의미를 탐색하고 문학 작품을 통해 '오다'와 '가다'의 의미 유형과 의미망을 대조 분석하며, 이들의 반의 관계 대비에 대해 연구하였다.

이건환(1996)은 국어 수평 이동 동사 '가다'의 의미를 원형의미와 확장의미로 나누고, 이의 원형의미는 장소이동, 확장의미는 은유적 확장과 주관화 확장에 의하여 정보제공, 정성, 이해, 목적, 시간, 가치, 소멸 등 의미를 생성한다고 하였다.

이종열(1998)은 인지의미론적인 접근을 통하여 '가다'의 다의성을 살펴보고 '가다'의 주체가 되는 '이동체'와 '이동양상'을 '구체성'과 '추상성'을 기준으로 다음과 같이 분류하였다.

---

[4] 이기동(2000:134)은 '가다'의 의미 확장에 쓰이는 은유로는 다음과 같은 것이 있음을 밝혔다. 1. 시간은 움직이는 개체이고, 시간의 흐름은 공간 속의 이동이다. 2. 상태의 계속은 공간 속의 이동이다. 3. 과정은 공간 속의 이동이다. 4. 소유 이전은 공간 속의 이동이다. 5. 삶은 여행이다. 6. 속성은 소유물이다. 이 밖에 의미 확장에 쓰이는 기제로는 환유와 주관적 이동(척도는 공간 속의 길이다)이 있음을 지적하였다.

(1) '가다'의 이동체

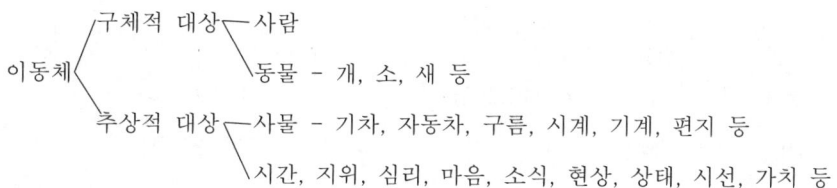

(2) '가다'의 이동양상

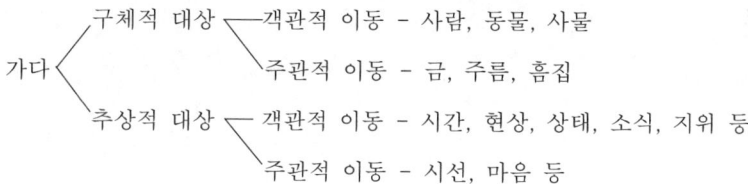

　신홍명(2004)에서는 '가다'의 원형의미를 시간과 공간의 장소이동이 중심이라고 설정하고 '가다'의 논항에서 중심적으로 이용되는 행동주의 구체성과 도착점으로 의미 확장을 분석하고 있다. 그리고 '가다'의 의미 확장 순서에 의하여 기존 사전에서 등재된 '가다'의 의미 항목 순서를 정리해 놓았다.
　권도경(2005)은 '가다'의 사전별 다의 처리를 비교하면서 '가다'의 다의 분석을 한다. 그리고 '가다'의 의미자질 변동양상을 연구하고 이의 다의 항목을 정리하고 재배열하였다.
　위에서 살펴본 연구들은 모두 국어학의 입장에서 전개된 것들이다. '가다'를 기본적인 다의어 어휘로서 이의 연구를 통하여 한국어 어휘의 다양성을 연구하는 것이 대부분이다. 다음은 중국어의 '去', '走'에 관한 연구에는 어떤 것이 있는지 살펴보자.

蔣國輝(1988)는 반의어 '來'와 '去'의 다의성을 탐색하고 이들의 대칭성과 비대칭성[5]을 살펴보고 劉月華(1988)는 '來'와 '去'의 문법적인 의미를 주제로 하여 이들의 趨向補語[6]로서의 특징을 연구하고 있다. 이 외에도 동사 연구를 중심으로 하는 '去', '走'의 의미를 살펴볼 수 있는 저서와 사전[7]을 몇 가지 더 찾아볼 수 있다.

　　한국 중국어학 연구에 있어서는 박종한, 정윤철, 최미선 등이 있다. 박종한(1992)은 '來'와 '去'의 의미를 분석함에 있어서 이동의 종류를 공간이동, 시간이동, 사태(state of affairs)의 지속 그리고 상태 변화의 네 가지로 나누고, 각각의 경우에 대하여 '화자의 시점'[8]과 이동하는 대상의 종점 일치 여부에 따른 다의 차이를 분석하였다.

　　정윤철(2002)은 다의어의 의미 확장 원리를 이용하여 '來'와 '去'의 의미가 공간적 이동에서 시간적 이동을 거쳐 심리적 이동으로 확장되어 간다는 것과 '의미적 비대칭성'에 대해서 분석하였으며, '來'와 '去'의 공간적 기준점이 '화자의 객관적 위치'에서

---

[5] 임지룡(1997:412)은 '의미적 비대칭성'이란 대립 되는 쌍의 어느 한 쪽은 의미적으로 더 바탕이 되거나 기준이 되고 긍정적인 가치를 지니며, 다른 한 쪽은 상대적으로 드러나거나 탈기준이 되고 부정적인 가치를 지니는 것으로 볼 수 있다고 주장한다.

[6] 추향동사라고 부르기도 한다. 한국어에서는 보조용언과 대응하다고 볼 수 있다.

[7] 저서: 符淮青(1983), 『現代漢語詞彙』, 北京大學出版社.
　　　　胡裕樹, 范曉(1996), 『動詞研究』, 河南大學出版社.
　사전: 呂叔湘 外(1999), 『現代漢語八百詞』(增訂版), 商務印書館.
　　　　孟琮(2003), 『漢語動詞用法詞典』, 商務印書館.

[8] '화자의 시점'이란 蔣國輝(1988)의 '공간참고점'(空間參考點)의 개념으로 '화자가 발화할 당시에 자신을 동작과 관련 있는 임의의 장소에 위치시켜 놓고 동작의 실제 방향에 대해 언급하는 위치'를 가리킨다.

뿐만 결정되는 것이 아니라, '화자의 주관적 위치', '담화(談話)적 기능', '화자의 주관적 가치'에 의해서도 좌우된다고 주장하면서 이것은 언어의 사용과 언어 사용자의 인지적 특징이 밀접히 연관되어 있음을 의미한다고 말하였다.

최미선(2006)은 인지의미론적인 관점에서 중국어의 동사 '走'와 '去'가 의미 확장 과정에서 보이는 인지적 유사점과 차이점에 대하여 조사하였다.

이상의 연구물을 통하여 '가다'와 '去', '走'에 대한 연구는 각각 많이 전개되었지만 외국어로서의 한국어 교육으로 출발하는 '가다'와 '去', '走'를 대조 분석하는 연구는 그다지 많지 않은 것이 사실이다.

1.3 연구 범위 및 방법

본 논문은 한국어와 중국어 사전에 수록된 '가다'와 '去', '走'의 뜻풀이 및 용례를 대비하여 한국어와 중국어의 의미 차이를 밝히는 데 있다. 가장 일반적으로 단어의 쓰임을 제시하고 있는 사전에 기초하여, 사전에 등재되어 있는 '가다'의 용례와 '去', '走'의 용례를 바탕으로 각각의 의미를 대조 연구하고자 한다.

연구 방법으로는 우선 사전에서 등재되어 있는 '가다'와 '去', '走'의 사전적 의미를 정리하고 기본적인 비교를 한 다음, 구체적인 예문을 통해 각각의 문장 속에서 '가다'와 '去', '走'가 가지는 의미 항목이 어떤 확장 의미들을 갖게 되었는지에 대하여 고찰해 본다.

본 논문에서 대조하려고 하는 기본 자료는 아래에 제시되는 한국어 사전 2종류와 중국어 사전 2종류이다.

(1) 한국어 사전

국립국어연구원(1999),『표준국대사전』, 두산동아.
한글학회(1992),『우리말 큰 사전』.

(2) 중국어 사전

呂叔湘 外(1980),『現代漢語八百詞』(1999增訂版), 商務印書館.
中國科學院語言研究所(2005),『現代漢語詞典』(第五版), 商務印書館.

2. 이론적 배경

이 장에서는 다음과 같은 개념이 자주 쓰이게 된다. 의미, 의미 확장, 은유와 환유, 대조 분석. 이들 개념에 대해서 간단히 살펴보기로 하겠다.

2.1 '의미'의 용법설

본 논문은 '가다'와 '去', '走'의 의미를 대조 분석하고 이들의 의미의 공통점과 차이점을 찾아내는 연구이다. 그러기 때문에 우선 '의미'에 대하여 알아볼 필요가 있다.

박영순(1996:4-8)에서는 '의미'를 다음과 같이 일곱 가지의 유형으로 나누어 이해할 수 있다고 주장한다.

(1) 지시적 의미(Referential Meaning)

지시적 의미란 지시설(referential theory)에서 규정하는 의미를 말하는데, 이 지시설에 의하면 '사과'라는 단어의 의미는 실제로 지시하는 대상물로서의 '사과'라는 것이다. 즉 이 이론에서는 의미를 사물 자체와 동일시하는 것이다.

(2) 개념적 의미(Conceptual Meaning)

개념적 의미는 사전에 나와 있는 단어의 뜻과 동일한 의미로서, 어떤 사물에 대한 심리적, 언어적 지시나 사고를 말하는 것이다. 이러한 개념적 의미는 객관적, 고정적, 사회적 의미라고 할 수 있는데 예를 들면 '할아버지'의 의미는 '아버지의 아버지'이며, '건물'은 '그 안에서 사람들이 생활하는 공간'과 같은 것이다.

(3) 자극-반응으로서의 의미(Behavioral Meaning)

행동주의 주창자들은 언어의 의미를 화자의 자극과 청자의 반응으로 보는 행동학설(behavioral theory)을 주장하였는데, 이 이론에 의하면, 예를 들어 술을 좋아하는 아버지가 술병을 보고 '술을 마시고 싶다'는 생각과 신체적으로 입맛이 도는 등의 변화가 일어나서 '한 잔'이라는 발화를 하게 되었을 때 이 '한 잔'의 의미는 술을 마시고 싶다는 아버지의 심리적-신체적 상태와 이것을 들은 아들이 아버지의 뜻을 알고 술을 가지고 와서 따라 드리는 행위 전체를 말하는 것이다.

(4) 연상적 의미(Associative Meaning)

연상적 의미는 심리적, 개인적, 주관적, 유동적 의미로서 개인이 '할아버지'라는 용어에 대하여 가지는 이미지, 예를 들면 '무서운 분', '관대한 분', '인자한 분', '나를 지극히 사랑해주시는 분' 등과 같은 이미지를 떠올리는 의미를 말한다.

(5) 사회언어학적 의미(Sociolinguistic Meaning)

이것은 사회적, 집단적, 규범적 의미로서 상황에 따라 달라지는 의미를 말한다. 예를 들어 아버지를 나타내는 명칭들인 '아버지, 아버님, 가친, 선친, 춘부장, 대인, 아빠' 등이 상황에 따라 달리 사용되는 경우가 여기에 해당한다.

(6) 화용론적 의미(Pragmatic Meaning)

이것은 문화적, 문맥적, 주관적, 유동적 의미로서 어머니를 화자의 여러 가지 상황이나 감정에 따라 어느 때, 어떻게 부르느냐에 따라 달라지는 의미를 말한다. 똑같은 '어머니'라는 호칭이라도 감격스럽게 부를 때, 응석할 때, 조를 때, 화났을 때, 원망스러울 때 부르는 '어머니'의 의미가 각각 달라질 것이다. 또한 자기의 친어머니 외에 친구의 어머니에게도 경우에 따라 '어머님'이라고 하는 한국의 문화를 이해해야만 참된 의미의 문맥적 의미를 파악할 수 있을 것이다.

또한 다음과 같은 예가 의미의 **용법설**(Use Theory)을 잘 뒷받침하고 있다. 같은 '손'이지만 용법마다 의미가 달라지고 있다. 이와 같이 문맥에 따라 달라지는 의미를 화용론적 의미라고 한다.

  1) '손'의 의미
     ㄱ. 손이 예쁘다. (신체기관으로서의 '손')
     ㄴ. 그이와 손을 끊다. (교제관계)
     ㄷ. 손이 닿지 않다. (권력이나 능력)

ㄹ. 이 제품은 손을 보아야 해. (수리)

ㅁ. 큰 손이 개입했어. (많은 돈이나 이권을 가진 사람이나 기관)

ㅂ. 손이 필요해. (일할 사람)

(7) 논리적 의미(Logical Meaning)

어떤 단어의 의미는 필연적으로 다른 단어와 연관을 맺는 것이 있다.

2) ㄱ. 순희는 철수의 오른편에 앉아 있다.

ㄴ. 철수는 순희의 왼쪽에 앉아 있다.

위에서 ㄱ과 ㄴ은 논리적으로 동일한 의미를 갖는 것이다.

또한 이광호(2004)에서도 '의미'의 의미에 대해 지시설, 개념설, 행동주의설, 용법설, 의의 관계설[9]인 다섯 가지 유형으로 나눠 보고 있다. 그 중에 '용법설'은 박영순(1996)에서 주장한 바와 같이, 의미를 '용법'이라고 보는데, 어떤 낱말에 고정된 의미를 인정하지 않고, 그 낱말이 사용되는 구체적인 맥락에서의 용법을 의미라고 본다.

이와 같이 '의미'의 의미는 다양하고도 포괄적이라는 것을 알 수 있다. 이들 용어들은 모두 '의미'라는 같은 대상을 나타낸 말이지만 '의미'를 어떻게 보느냐에 따라 달라진 것이다. 본 논문에서 연구하고자 하는 '의미'는 '가다'와 '去', '走'가 사용되는 구체

---

9 이광호(2004:21-22)에서는 "의의 관계설은 단어의 의미를 파악하는데 있어, 한 단어가 가진 외연 의미 특성만을 통하여 그 의미를 살피는 것이 아니라, 지시되는 단어의 외연을 의의와 관련지어 그 의미를 파악하고자 하는 것이다. 즉 단어들 간의 연관성 있는 의미 관계를 통하여 살피고자 하는 방법이다"라고 설명하고 있다.

적인 맥락에서의 의미, 즉 '의미'를 용법으로 보고자 한다.

2.2 의미 확장

1절에서 살펴보았듯이 여기에서 '가다'와 '去', '走'의 의미를 이들의 고정된 의미로 인정하지 않고 이들이 쓰이는 용법에 따라 전이되는 다양한 의미를 뜻한다. 원래의 단어가 가진 1차적 의미에서 유사성과 인접성 등의 요인에 의해 관련되는 다른 의미를 획득하면서 파생되기도 한다. 여기에서는 '의미 확장'이란 개념을 도입하고 다음과 같이 설명하고자 한다.

임지룡(1997:240-242)은 개념 영역의 일반적인 확장 방향을 제시한 하인 외(Heineet al)의 의견[10]을 바탕으로 의미 확장의 양상을 다음과 같이 여섯 가지로 나누어 설명하였다. 의미 확장의 양상을 더욱 잘 설명하기 위하여 여기서는 '가다'의 구체적인 용례를 통해 의미 확장의 양상을 살펴보고자 한다.

첫째, <사람→짐승→생물→무생물>의 확장

3) 가다: 나는 학교에 가다. →고양이는 밥 냄새를 맡고는 갔다.
   →나무가 나무꾼에 의해 베어 가다. →그 소식이 너에게도 갔니?

위의 예문 3)과 같이 동작의 주체가 사람에서 동물이나 생물,

---

10 하인 외(1991:48)는 개념 영역의 일반적인 확장 방향을 다음과 같이 나타내었다.

PERSON > OBJECT > ACTIVITY > SPACE > TIME > QUALITY

무생물 등으로 변화되었다면 의미가 확장되었다고 볼 수 있다. 위와 같은 의미 확장의 순서가 고정적이지는 않지만 서술의 주체가 사람인 것이 의미 확장의 원형적인 모습인 경우가 많은데, 동물이나 사물을 의인화하여 표현할 수 있는 이유는 동물이나 사물의 움직임을 사람의 행동을 통해 이해할 수 있기 때문이다.

둘째, <구체성→추상성>의 확장

4) 가다: 사람의 장소 이동: 철수가 학교에 갔다. →상태의 변화: 선거전은 벌써 후반부로 들어갔다.

의미의 확장은 위와 같이 '가다'의 구체적인 장소 이동에서 추상적인 상태 변화로 진행된다. 이것은 의미의 탄생이 인간의 관점에서 인간을 포함한 주변 사물을 표현하는 데서 비롯되기 때문이다. 예4)에서 알 수 있듯이 '가다'가 표현하는 대상은 '사람'에서 기타의 추상성을 띠는 것들로 변화되었다고 볼 수 있는데, 이것은 인간의 인지구조가 구체적인 것을 통해 추상적인 것을 이해하려 하기 때문이다.

셋째, <공간→시간→추상>의 확장 [11]

5) 가다: 그는 미국으로 갔다. →4월이 다 갔다.
　→그의 모든 재산이 아들에게 갔다.

'공간'은 우리가 가장 쉽게 지각할 수 있는 범주로 이를 바탕으

---

11 Givon(1979:314-7)에서는 우주를 분류하는 데 쓰이는 의미자질을 구체적, 시간적, 추상적으로 나누어 그 내포관계를 '공간>시간>추상'으로 진행됨을 보이면서, 통시적으로 공간적 의미는 시간적 의미로 전이될 수 있고, 시간적 의미는 추상적 의미로 전이될 수 있으나 그 각각의 역은 일어나지 않는다고 하였다.

로 '시간'이나 '추상적인 대상'을 이해할 수 있다. '시간'은 움직이는 개체이고, '시간의 흐름'은 공간 속의 이동이다. '재산'의 소유 이동과 같은 추상적인 의미에서는 재산의 원 소유자인 '그'는 출발 장소가 되고, 재산은 움직이는 개체에 해당된다. 움직이는 개체가 출발지를 벗어나듯, 재산도 원 소유자의 소유 영역을 벗어나, 다른 사람, 즉 새 소유자에게 가는 것이다.

넷째, <물리적→사회적→심리적> 확장

6) 가다: 그는 집에 갔다. →그는 군대에 갔다.
　　→그 설명이 좋아서 머릿속에 쏙 들어갔다.

물리적인 공간은 사회적 공간이나 심리적 공간으로 확장되는데, 위에서 '그는 집에 갔다'는 단순히 공간적인 위치 변화만을 지시하는데 비해서 '그는 군대에 갔다'는 '그는 병역에 복무하러 갔다'라는 의미를 내포하므로 '사회적 기능'을 나타낸다고 볼 수 있다. '그 설명이 좋아서 머릿속에 쏙 들어갔다'에서는 '가다'가 나타내는 공간이 '물리적 공간'에서 '심리적인 공간'으로 확장되었다고 볼 수 있다.

다섯째, <일반성→비유성→관용성>의 확장[12]

7) 가다: 친구가 갔다. →이해가 가다. →맛이 가다.

위에서 확장의 기준점은 '일반성'이다. 언어는 일차적으로 글자 그대로의 용법을 중심으로 쓰이며, 이차적으로 '비유성'을 획득하는데, 비유가 한층 굳어져서 '관용성'으로 진행되기도 한다.

---

[12] 관용표현은 본래 구체적인 유래를 가진 표현이 대부분인데, 그 유래를 잃어버리고 관용적 의미만 남게 됨으로써 의미가 추상적인 경우가 대부분이다.

여섯째, <내용어→기능어>의 확장

8) 보조용언으로서의 '-가다'

어휘적 의미를 갖고 있는 '내용어'(content word)는 '기능어'(function word)로 확장되는 경향이 있는데, 이를 '의미 표백화'(semantic bleaching)라고 한다(Heine et al 1991:108-9). 하인 외의 '의미 표백화' 개념은 '문법화'(grammaticalization) 연구로부터 비롯되는데, '문법화'란 통사 단위 결합체가 문법 형태소로 변화하거나, 어휘 형태소가 문법 형태소로 변화하는 모든 과정과 결과를 포함한다. 즉, 어휘적 기능을 하던 것이 문법적 기능을 하거나, 문법적 기능을 하는 형태의 일부가 되는 것, 또는 '덜' 문법적인 기능을 하는 것에서 '더' 문법적인 기능을 하는 것으로 바뀌는 현상을 의미한다.[13]

이상으로 의미 확장 양상에 대하여 살펴보았다. 다음 장에서는 의미 확장 방법으로의 '은유'와 '환유'에 대해 설명하고자 한다.

---

13 중국어에서는 이것을 '語法化' 또는 '虛化'라고 일컫는데, 박정구(2000)는 "허화는 실사가 허사로 변화하는 언어발전과정을 의미할 뿐만 아니라, 전형적인 실사의 좀 허화된 상태로의 전환, 허사의 보다 허화된 상태로의 변화도 포함한다."고 하면서, 형용사, 동사, 명사가 부사로 허화된 경유, 동사가 조사로 허화된 경유 등에 대하여 예를 들어 분석하고 있다. 의미변화와 문법화는 불가분의 관계라고 할 수 있는데, 의미의 변화는 문법화를 유발하는 요소 중의 하나이기 때문이다.

2.3 은유와 환유[14]

　Lakoff&Johnson(1980)에서는 은유를 경험의 한 영역, 즉 '근원영역'에서부터 다른 경험의 영역, 즉 '목표영역'으로의 체계적인 '인지 사상'(Cognitive Mapping)이라고 규정하고, 이를 '개념적 은유'(Conceptual Metaphors)라고 하였다. 이러한 개념적 은유는 한 주어진 문화 구성원들에게 널리 공유된 인지 장치로서, 다음과 같은 기본적 특성을 가지고 있다.
　ㄱ. 개념적 은유는 체계적이다. 즉, 이해의 대상이 되는 영역과 이해를 위해 사용되는 영역 사이에 고정된 대응관계가 있다.
　ㄴ. 개념적 은유는 보통 공통의 경험에 의해서 이해된다.
　ㄷ. 개념적 은유는 대체로 무의식적이며 그 작용은 인지상으로 거의 자동적이다.
　ㄹ. 개념적 은유는 언어 속에 널리 관습화되어 있다. 즉, 우리의 언어에는 개념적 은유에 기초한 수많은 낱말과 관용표현이 발견된다.
　이러한 특성을 가지는 개념적 은유는 구조적 은유(Structural Metaphor), 방향적 은유(Orientational Metaphor), 존재론적 은유(Ontological Metaphor)로 구분하여 설명할 수 있다.
　첫째, 구조적 은유는 하나의 고도로 구조화되고 명확한 개념을 다른 개념으로 구조화하는 것을 말한다. 예를 들어, <삶은 여행

---

　14 은유와 환유에 대해서는 임지룡(1997:164-214)을 참고하고 주요 내용을 요약한다.

이다>라는 은유는 '여행하는 사람'과 '삶을 살고 있는 사람', '경로'와 '인생의 행로', '출발 시간'과 '탄생 시간', '도착 시간'과 '사망 시간' 등의 대응 관계를 마음속에 구조화하고 있다는 것을 말한다. 즉, 사람은 이 세상에 왔다가 얼마간 살다가 가는 것으로 개념화된다. 이 세상에 오는 것은 태어나는 것이고, 이 세상을 떠나는 것은 죽는 것이다. 이를 도식으로 나타내면 다음과 같다.

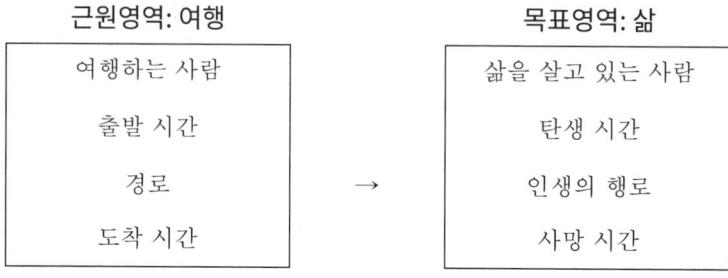

<그림1> 구조적 은유

이런 의미에서 출발한 '가다'의 예문을 들어보면 다음과 같이 있다.

9) ㄱ. 어른이 갑자기 가셨다.
　　ㄴ. 아내는 힘들게 살다가 갔다.
　　ㄷ. 많은 사람들이 비명에 갔다.

둘째, 방향적 은유는 공간적 방향과 관련된 것으로, 상호관계 아래 하나의 전체적 개념구조를 이루는 것을 말한다. 방향적 은유의 '위-아래' '앞-뒤' '오른쪽-왼쪽' '가운데-가장자리' 등은 우리의 일상적 경험을 바탕으로 은유화된다.

양에 있어서 '많음은 위쪽, 적음은 아래쪽'이고, 평가에 있어서 '좋음은 위쪽, 나쁨은 아래쪽'이며 힘에 있어서는 '힘 있는 것은 위쪽, 힘 없는 것은 아래쪽'이다. 이러한 은유의 방향은 자의적이 아니라, 우리의 일상적 경험, 즉 물리적·문화적 경험에 바탕을 두고 있다. 그 경험적 기초는 일상생활에서 물건을 쌓을 때 양이 많아지면 더미는 높아지며, 잔에다 물을 부으면 수면이 올라가는 데서 찾아볼 수 있다.

셋째, 존재론적 은유는 추상적인 경험을 물체나 내용물에 의해서 이해하는 것을 말한다.[15] 곧 우리의 경험 가운데, '시간', '마음', '이론' 및 '언어' 등 눈에 보이지 않는 추상적 경험을 표현하려고 할 경우 그것을 구체적인 존재, 곧 사물에 비유한다. '시간이 멈추다/지나가다'란 표현은 시간이 공간 영역에서 구체적인 대상으로 기술되는 모습을 보여주며 '마음이 크다/작다', '자존심/우정에 금이 갔다' 등은 마음은 구체적 물체인 '그릇'으로 파악되는 것이다.

환유는 전통 수사학에서 문체론의 한 특성으로 기술되었으며, 역사 의미론에서는 의미변화의 한 원천으로 논의되었다. 최근 들어 Lakoff&Johnson, Taylor, Langacker와 같은 인지언어학자들이 환유의 체계성에 주목하여, 그 의미특성이 우리의 언어, 사고, 태도 및 행위를 구조화하는 중요 인지기제이며, 환유의 개념화는 우리의 경험에 바탕을 둔 것으로 파악하였다.

환유의 정의에 대해서 Taylor(1995)는 '한 실재물 A의 이름을 인접한 다른 실재물 B를 지칭하는 데 사용하는 것'으로 규정

---

[15] '의인화'(Personification)라는 것 역시 추상적 대상물을 구체적인 대상으로 파악하는 것인데, '삶이 나를 속였다', '사랑에 속고 돈에 운다' 등에서 '삶'이나 '사랑'을 사람으로 인식하고 있다.

하였다. 또한 환유의 양상에 대해서 임지룡(1997)은 다양한 유형들을 그 포섭관계에 따라 부분이 전체를 지칭하는 '확대지칭 양상'과 전체가 부분을 지칭하는 '축소지칭 양상'으로 나누어 설명하였다.

확대지칭 양상

ㄱ. 한 특징→사람/사물
　스크린에 새 얼굴(=사람)이 등장했다.
ㄴ. 소유물→소유자
　저 가죽잠바(=가죽잠바 입은 사람)가 내 친구다.

축소지칭 양상

ㄱ. 사물의 전체→부분
　기능공이 차(=차의 부품)에 기름을 칠했다.
ㄴ. 생산지→생산품
　그는 윤동주(=윤동주의 시)를 좋아한다.
ㄷ. 장소/건물/기관→그곳에 있는 사람/책임자
　안동은(=안동 사람) 인심이 좋다.
ㄹ. 그릇→그릇의 내용물
　주전자(=주전자에 담긴 물)가 끓고 있다.
ㅁ. 시간→사건/행위
　광주의 오월(=5.18 민주화 운동)을 잊지 말자.

이상으로 의미 확장 및 은유, 환유에 대해 살펴보았다. 다음으로 외국어 공부에 많이 사용된 대조 분석에 대해 설명하고 이의 중요성을 알아보겠다.

2.4 대조 분석

두 가지 이상의 언어는 그들 사이의 차이점과 유사점을 발견하기 위해 비교될 수 있다. 1940년대 이후로 이런 종류의 활동은 대조 분석(Contrastive Analysis) 또는 대조 연구(Contrastive Study)로 불렸으며, Fisiak(1981)은 대조 분석을 다음과 같이 정의 하고 있다.

"대조언어학(대조 분석)은 언어학의 하위 분야로 정의될 수 있으며, 두 개나 그 이상의 언어를 비교하거나 언어의 하위 체계에 관심을 두고 있다. 이것은 그들 사이의 유사점과 차이점을 발견하기 위해서이다."

대조 분석은 2차 세계 대전을 전후로 크게 발달하였는데, 세계 대전으로 미국에서 외국어 교육에 대한 큰 관심이 일어나자, 대조 분석이 외국어 교육방법에서 중요한 부분으로 인식되었다. Fries(1945, Lado, 1957:1)도 언어를 배우는 데 있어 가장 효과적인 자료는 학습자의 모국어와 목표 언어를 주의 깊게 비교하여 제시해주는 것이라고 말했다.

"The most effective materials are those that are based upon a scientific description of the language to be learned, carefully compared with a parallel description of the native language of the learner."

이 시기의 대부분의 연구는 예상한 대로 교육학적 목적이 중심이 되어, 모국어와 외국어를 비교하여 학습의 어려움을 발견하고 예측하는 것을 목표로 하였다. 그러나 대조 연구가 진행될수록 많은 비판도 함께 제기되었는데, 특히 대조 연구의 적용에 관해 많은 언어학자와 교사는 그 타당성과 유용성을 인정하지 않았다. 이러한 태도는 대조 연구를 잘못 이해했기 때문이다. (Fisiak, 1981:6)

그 비판 중의 하나는 간섭(interference)의 예측성에 대한 것이다. 응용 대조 분석[16]이 간섭과 오류를 예측하는 것에 실패했다는 것과 그 연구의 쓰임새가 오직 이러한 면에서만 판단될 수 있다는 것은 잘못된 생각이다. 간섭과 오류의 예측이 대조 연구의 유일한 목적이라든가 간섭이 오류의 유일한 원인이라는 주장은 아무도 한 적이 없다. 대조 연구의 가치란 잠재적인 간섭과 오류의 영역을 지적해 줄 가능성에 있는 것이며, 또한 모든 오류가 간섭현상에서 나오는 것도 아니다. 심리 학적, 교수 방법적 또한 다른 언어학적 요소들이 오류를 만들어 낼 수 있다. 따라서 응용 언어학의 한 분야인 오류 분석은 대조 분석을 대치할 수 없으며, 다만 보완할 수 있을 뿐이다.

또 다른 비판은 대조 연구의 결과를 즉각적으로 교실에 이용할

---

16 대조 연구는 두 가지 종류가 있는데 하나는 이론적 대조 연구(theoretical contrastive studies)고, 다른 하나는 응용 대조 연구(applied contrastive studies)다. 이론적 대조 연구는 언어들 사이의 차이점과 유사점에 대해 포괄적인 설명을 하며, 언어들의 비교에 적절한 모델을 제공하거나 어떤 요소가 어떻게 비교될 수 있는지 결정한다. 응용 대조 분석은 응용언어학의 한 분야로, 이론 대분석에서 발견한 것을 기초로 하여 언어를 비교하기 위한 뼈대를 제공한다. 여기에서 관심을 두고 있는 또 다른 문제는 다른 언어를 배울 때 생길 수 있는 어려움에 대해 인식하는 것이다. 예를 들어 간섭현상(interference)이 일어나는 언어의 응용 대조 분석에서는 차이점뿐만 아니라 유사점에도 중요성을 둔다.

수 없다는 것이다. 그러나 이것 또한 대조 연구를 잘못 이해한 것이다. 아무도 대조 연구를 곧바로 교실에 사용하려고 하지 않았다. 대조 연구를 통해 얻어진 결과는 교실에 맞게 적절히 바꾸어 사용해야 하며, 그것도 학습자가 그것을 소화할 수 있는 수준이 되어야만 가능하다.

대조 연구는 많은 장점을 가지고 있다. 이것을 적절히 사용하면 학습자에게 유용한 기술을 줄 수 있고, 그 언어에 대한 사전 지식을 줄 수 있으며, 자신의 모국어와 외국어와의 유사점과 차이점을 알려주며 간섭현상이 일어날 수 있는 영역에 대해 주의를 줄 수도 있다.(Fisiak, 1981:8) 또한 교사에게도 대조 분석은 의심할 여지없이 교수요목을 개발하거나 교육 자료를 준비하는 데 반드시 필요한 것이다.

3. '가다'와 '去'의 대조

3.1 사전적 의미 대조

3.1.1 '가다'의 사전적 의미

한국어의 '가다' 사전 의미는 앞에 1.3장에서 제시된 바와 같이 2종의 한국어 사전에 나타난 뜻풀이를 모두 제시한다. 즉 『표준국어대사전』과 『우리말 큰 사전』에 등재된 의미 항목을 제시한다.

『표준국어대사전』에서 '가다'의 뜻풀이는 총 34개, 『우리말 큰 사전』에서 '가다'의 뜻풀이는 총 23개가 있다. 한국어의 '가다' 사전적 의미를 정리하면 표는 다음과 같다.

< 표 1> 한국어 '가다'의 사전적 의미

번호	표준국어대사전	우리말 큰 사전
1	한 곳에서 다른 곳으로 장소를 이동하다.	이곳에서 다른 곳으로 움직이다.
2	수레, 배, 자동차, 비행기 따위가 운행하거나 다니다.	

번호	표준국어대사전	우리말 큰 사전
3	일정한 목적을 가진 모임에 참석하기 위하여 이동하다.	
4	지금 있는 곳에서 어떠한 목적을 가지고 다른 곳으로 옮기다.	
5	직업이나 학업, 복무 따위로 해서 다른 곳으로 옮기다.	종사하거나 배우거나 일보기 위해 있던 곳에서 어디로 옮기다.
6	직책이나 자리를 옮기다.	(어떤 직책으로) 자리를 옮기다
7	물건이나 권리 따위가 누구에게 옮겨지다.	(남에게) 차례지거나 몫이 지다.
8	관심이나 눈길 따위가 쏠리다.	보는 눈이 어디로 쏠리다.
9	말이나 소식 따위가 알려지거나 전하여지다.	소식, 연락, 말 따위가 어디, 누구에게 알려지거나 전하여지다.
10	('손해' 따위의 명사와 함께 쓰여) 그러한 상태가 생기거나 일어나다.	손해, 피해 따위를 입게 되다.
11	어떤 상태나 상황을 향하여 나아가다.	
12	한쪽으로 흘러가다.	
13	동력원으로 하여 작동하다.	
14	물체가 한 쪽으로 기울어지다.	(한 쪽으로) 물체가 기울어지거나 치우지다.
15	금, 줄, 주름살, 흠집 따위가 생기다.	금, 줄, 흠, 주름살 따위가 생기다.
16	('무리', '축' 따위의 말과 함께 쓰여) 건강에 해가 되다.	
17	일정한 시간이 되거나 일정한 곳에 이르다.	(나중의 어떤 때이나 지경에) 이르다.
18	일정한 대상에 미치어 작용하다.	
19	('손', '품' 따위와 함께 쓰여) 어떤 일을 하는데 수고가 많이 들다	손질, 품, 피용 따위가 들다.
20	어떤 대상이 다른 곳으로 이동하여 사라지다.	

번호	표준국어대사전	우리말 큰 사전
21	('시간' 따위와 함께 쓰여) 지나거나 흐르다.	어떤 시간, 날, 달, 철 따위가 지나다.
22	기계 따위가 제대로 작동하다.	시계 따위의 기계가 움직이다.
23	외부의 충격이나 영향으로 정신을 제대로 차리지 못하는 혼미한 상태가 되다.	
24	전기 따위가 꺼지거나 통하지 않다.	불이 꺼지다.
25	(완곡하게) 사람이 죽다.	사람이 죽다.
26	어떤 일에 대하여 납득이나 이해, 짐작 따위가 되다.	이해, 짐작, 판단 등이 되다.
27	('-이'나 '-에' 대신에 '중간 정도', '최고' 따위와 같은 부사어가 쓰이기도 한다) 가치나 값, 순위 따위를 나타내는 말과 결합하여 어떤 대상을 기준으로 해서 어느 정도까지 이르다.	어떤 값이나 정도에 이르다.
28	('물', '맛' 따위의 말과 함께 쓰여) 원래의 상태를 잃고 상하거나 변질되다.	본래의 맛, 성질 따위가 변하거나 없어지다.
29	('때', '얼룩' 따위의 말과 함께 쓰여) 때나 얼룩이 잘 빠지다.	끼어 있던 때 따위가 사라져 없어지다.
30	어떤 경로를 통하여 움직이다.	(떠나는 쪽에서) 어떤 길을 통하여 어디로 움직이다.
31	어떤 일을 하기 위하여 다른 곳으로 이동하다.	(떠나는 쪽에서) 어떤 일을 하러 어디로 움직이다.
32	노름이나 내기에서 얼마의 액수를 판돈으로 걸다.	
33	(기간을 나타내는 '며칠' 따위와 함께 쓰여) 어떤 현상이나 상태가 유지되다.	상태, 형편 따위가 계속 되거나 유지되다.

번호	표준국어대사전	우리말 큰 사전
34	(주로 동사 뒤에서 '어 가다' 구성으로 쓰여) 말하는 이, 또는 말하는 이가 정하는 어떤 기준점에서 멀어지면서 앞말이 뜻하는 행동이나 상태가 계속 진행됨을 나타내는 말.	풀이씨의 어찌꼴 '-아/-어'의 뒤에 쓰이어, 그 행동이나 상태가 앞으로 진행됨을 나타낸다.

3.1.2 '去'의 사전적 의미

2종의 중국어 사전에 등재된 '去'의 의미를 제시하면 <표2>와 같다. 즉 『現代漢語詞典』과 『現代漢語八百詞』에서 나오는 '去'의 의미 항목을 제시한다.

중국어의 '去' 뜻은 『現代漢語詞典』에서는 총 14개, 『現代漢語八百詞』에서는 총 7개가 제시되어 있다.

< 표 2> 중국어 '去'의 사전적 의미 [17]

번호	現代漢語詞典		現代漢語八百詞
1	從所在地到別的地方. 소재지로부터 다른 곳으로 가다.	1	從說話所在的地方到別的地方. a)名(處所, 時間)+去+名(施事) b)名(施事)+去+名(受事) c)名(施事)+去+名(處所)[18] 말하는 곳에서 다른 곳으로 가다. a)명사(처소, 시간)+去+명사(施事) b)명사(施事)+去+명사(受事) c)명사(施事)+去+명사(처소)
2	離開. 떠나다.		
3	失去; 失掉. 잃다, 잃어버리다.		

---

17 『現代漢語詞典』과 『現代漢語八百詞』에서 등재된 '去'의 의미 항목은 각각 대응적으로 나와 있지 않기 때문에 여기에서는 의미 항목 번호를 각각 구분하여 나열한다.

18 施事는 동작의 주체를 가리키고 受事는 동작이나 행위의 대상을 뜻한다.

번호	現代漢語詞典		
4	除去; 除掉. 제거하다, 없애버리다.	2	除去. 제거하다.
5	距離 거리.	3	用在另一動詞的前面或後面 a)去+動 不用'去'時基本意思不變 b)動+去 動詞表示去的目的. 다른 동사 앞, 뒤에 쓰이다. a)去+동사 去를 쓰지 않아도 기본 의미는 변하지 않다. b)동사+去 동사는 가는 목적을 나타내다.
6	過去的(時間, 多指過去的一年) 과거의(시간, 대개 지난 1년을 가리키다).		
7	婉辭, 指人死. 완곡한 표현, 사람이 죽다.		
8	用在另一動詞前表示要做某事. 다른 동사 앞에 놓여 어떤 일을 할 것임을 나타내다.		
9	用在動詞或動詞結構後面表示去做某件事. 동사나 동사구 뒤에 나와, 가서 어떤 일을 함을 나타내다.		
10	用在動詞結構(或介詞結構)與動詞(或動詞結構)之間, 表示前者是後者的方法, 方向或態度, 後者是前者的目的. 동사구(혹은 전치사구)와 동사(혹은 동사구) 사이에서 앞 동작이 뒤 동작의 방법, 방향, 태도라는 것과 뒤 동작이 앞 동작의 목적이라는 것을 나타내다.	4	(趨)動+去[+名(受事)] a)表示人或事物隨動作離開說話人所在地, b)表示人或事物隨動作離開原來的地方, 往往兼有不利於這事物的意思. (추향동사)동사+去[+명사(受事)] a)사람이나 사물이 동작과 함께 화자가 소재하는 곳에서 떠나다. b)사람이나 사물이 동작과 함께 원래 있던 곳에서 멀어지다. 이 사물이나 사람에 좋지 않다는 의미를 갖는 경우가 많다.
11	<方>用在'大, 多, 遠'等形容詞后, 表示'非常...''...極了'的意思(後面加'了') <방언>'大, 多, 遠'등의 형용사 뒤에 붙여 '매우...'란 뜻을 나타내다.	5	(趨)動+去+名(受事, 含數量) (추향동사)동사+去+명사(受事, 수량 포함)

번호	現代漢語詞典		現代漢語八百詞
12	扮演(戲曲裡的角色) 역을 맡다(희곡 속의 역할)	6	(趨)隨(讓)+小句+去, 有 '任憑'的意思. '...하도록 내버려 두다'의 의미를 갖다.
13	(趨)用在動詞後, 表示人或事物隨動作離開原來的地方. (추향동사)동사 뒤에서 나와, 사람이나 사물이 동작과 함께 원래 있던 곳을 떠남을 나타내다.	7	(趨)'看去, 聽去' 表示估計或者著眼于某一方面的意思, 做 入語, 多用於書面. (추향동사)'看去, 聽去'는 짐작이나 어떤 사실에 착안함을 나타낸다. 삽입어로 쓰이고 주로 문어에 쓰이다.
14	(趨)用在動詞后, 表示動作的繼續等. 동사 뒤에서 동작의 계속 등을 나타내다.		

3.1.3 '가다'와 '去'의 사전적 의미 대조

<표1>과 <표2>에서 제시된 것처럼 '가다'와 '去'는 모두 다양한 의미를 갖고 있다. 여기에서 <표1>과 <표2>에서 나오는 의미 항목을 바탕으로 하여 '가다'와 '去'의 사전적 의미를 간단하게 대조하고자 한다.

<표1>에서 보듯이 '가다'의 사전적 의미는 매우 다양하다. 『표준국어대사전』과 『우리말 큰 사전』에서 제시한 '가다'의 뜻풀이는 각각 차이점이 있지만 '가다'의 용법을 모두 두 가지로 구분하여 동사 용법과 보조용언 용법으로 설명하였다. 『표준국어대사전』에서 보다 상세하게 나온 설명을 제외하고 『우리말 큰 사전』에서 제시한 '가다'의 의미를 다시 정리하자면 다음과 같다.[19]

---

[19] 신홍명(2004:42)에서는 '가다'의 의미 확장 순서에 의하여, 『표준국어대사전』과 『우리말 큰 사전』의 사전적 의미를 바탕으로, '가다'의 사전적 의미를 다시 정리하

동사

① 이곳에서 다른 곳으로 움직이다.

② 종사하거나 배우거나 일보기 위해 있던 곳에서 어디로 옮김.

③ 물체가 기울어지거나 치우치다.

④ 상태, 형편 따위가 계속 되거나 유지되다.

⑤ 금, 줄, 흠, 주름살 따위가 생기다.

⑥ 끼어 있던 때 따위가 없어지다.

⑦ 불이 꺼지다.

⑧ 어떤 값이나 정도에 이르다.

⑨ 재산이 거덜 거덜이나 없어지다.

⑩ 손질, 품, 비용 따위가 들다.

⑪ 소식, 연락, 말 따위가 어디, 누구에게 알려지거나 전해지다.

⑫ (대상을 기준으로) 어떤 정도에 이르다.

⑬ 시간이 이르거나 지나다.

⑭ (남에게) 차례지거나 몫이 지다.

⑮ 목적하는 일의 방향으로 움직이다.

⑯ 마음이나 눈길이 쏠리다.

⑰ 이해, 짐작, 판단 등이 되다.

⑱ 본래의 맛, 성질 따위가 변하거나 없어지다.

⑲ 사람이 죽다.

고 배열하였다. 여기에서 신홍명(2004)의 내용을 참고하여 정리한 것이다.

⑳ 운수나 복이 없어지다.

보조동사

① 용언의 부사형 '-아/어'의 뒤에서 그 동작이나 상태가 앞으로 변해감을 나타내다.

<표2>를 보면『現代漢語詞典』에서는 '去'의 용법을 세 가지로 구분하여 두 가지의 동사 용법과 하나의 추향동사 용법으로 제시하였고,『現代漢語八百詞』에서는 동사와 추향동사의 용법으로 설명하였다. 여기에서『現代漢語詞典』에서 제시한 의미 항목 중에 북경 방언인 '-去了'의 용법과 '(희곡에서)배역을 맡다'의 의미는 사용의 지역성과 특수성이 있으므로 본 연구의 의미 대조 분석에서 제외하고자 한다. 그 밖의 의미 항목들은『現代漢語八百詞』에서 '現代漢語'에서 사용되지 않는 동사 의미 항목을 배제하고 추향동사의 의미 항목을 보다 상세히 설명한 것을 제외하고는 의미 항목의 내용에 있어서는 같다. 본 연구에서 의미 대조 분석의 대상으로 삼을 '去'의 의미 항목들을 정리하면 다음과 같다.

동사

① 從所在地到別的地方. (소재지로부터 다른 곳으로 가다.)
② 離開. (떠나다.)
③ 失去; 失掉. (잃다, 잃어버리다.)
④ 除去; 除掉. (제거하다, 없애버리다.)
⑤ 距離. (거리.)
⑥ 過去的(時間, 多指過去的一年). (과거의(시간, 대개 지난 1

년을 가리킴).)

⑦ 婉辭, 指人死. (완곡한 표현, 사람이 죽다.)

⑧ 用在另一動詞前表示要做某事. (다른 동사 앞에서 어떤 일을 할 것임을 나타내다.)

⑨ 用在動詞或動詞結構後面表示去做某件事. (동사나 동사구 뒤에서 가서 어떤 일을 함을 나타내다.)

⑩ 用在動詞結構(或介詞結構)與動詞(或動詞結構)之間, 表示前者是後者的方法, 方向態度, 後者是前者的目的. (동사구(혹은 전치사구)와 동사(혹은 동사구) 사이에서 앞동작이 뒤 동작의 방법, 방향, 태도라는 것과 뒤 동작이 앞 동작의 목적이라는 것을 나타내다.)

추향동사

① (趨)用在動詞後, 表示人或事物隨動作離開原來的地方. ((추향동사)동사 뒤에서 사람이나 사물이 동작과 함께 원래 있던 곳을 떠남을 나타내다.)

② (趨)用在動詞后, 表示動作的繼續等. (추향동사)동사 뒤에서 동작의 계속 등을 나타내다.

3.2 의미 확장 양상 대조

3.2.1 기본 의미 대조

본 절에서는 문맥과 상황에 따라 다르게 나타나는 '가다'와 '去'의 여러 가지 의미가 어떻게 확장되었는지를 고찰하려고 한다.

이를 위하여 먼저 '가다'와 '去'의 기본의미를 설정할 것이다.

3.2.1.1 '가다'의 기본 의미

<표1>에서 제시하듯이 '가다'의 사전적 의미로 30여 개가 있으며 이를 바탕으로 정리된 구체적인 의미도 20여개가 있다. 이 20여 개의 의미에 공통적으로 존재하는 의미를 기본 의미로 볼 것이다. '가다'의 기본 의미에는 행위자의 이동성에 주목해야 한다. 어느 지점에서 다른 지점으로 이동하는 의미가 '가다'의 기본 의미가 되겠다. 이를 도식화하면 다음과 같다.[20]

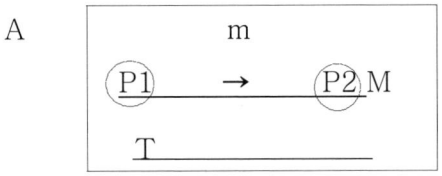

<그림2> '가다'의 기본 의미에 대한 도식

<그림2>는 '가다'의 기본 의미를 도식으로 나타낸 것이다. A는 행위자(Agent)를, P는 지점(Point)을, M은 길이나 방법(Method)을 말한다. 행위자는 한 지점(P1)을 떠나 어떤 길을 따라(어떤 방법을 통해) 다른 지점(P2)으로 이동(movement)하는 것을 의미한다. 또한 '가다'가 사용된 맥락에 따라 시간(T)을 추가할 수 있다. <그림2>에 있는 '가다'의 요소가 한 문장에 모두 표현될 수 있지만, 많은 경우, 그 가운데 일부만이 부각된다.

---

20 '가다'의 기본 의미를 도식적으로 나타내는 그림은 이기동(2000)과 신흥명(2004)을 참조.

10) ㄱ. 그는 어제 서울에서 출발했다.
　　ㄴ. 그는 중부고속도로로 부산에 갔다.
　　ㄷ. 그는 택시로 학교에 갔다.

10)에서는 ㄱ에서는 시간과 출발점, ㄴ에서는 길과 도착점이 부각되어 있고 ㄷ에서는 방법과 도착점이 부각된다. '가다' 요소의 일부만 부각되는 예문들이다.

또한 어떤 기관을 나타내는 명사가 도착점이 되면, 이 명사는 기관의 건물을 가리킬 수도 있지만, 이 건물의 기능을 가리킬 수도 있다.

11) ㄱ. 철수는 내년에 고등학교에 간다.
　　ㄴ. 그는 작년에 대학에 갔다.

11)에서는 ㄱ과 ㄴ에 나오는 '고등학교'와 '대학'은 장소만 가리키는 것이 아니라, '고등학교에 다니다/고등학생이다'와 '대학에 다니다/대학생이다'란 의미를 표함하고 있다.

3.2.1.2 '去'의 기본 의미

<표2>에서 정리해 보듯이 두 사전에서 첫 번째 나오는 의미 항목은 모두 '소재지로부터 다른 곳으로 이동'으로 되어 있다. 그러므로 여기에서 '去'의 기본 의미를 '소재지로부터 다른 곳으로 이동'으로 보고자 한다. 이를 도식화하면 다음과 같다.

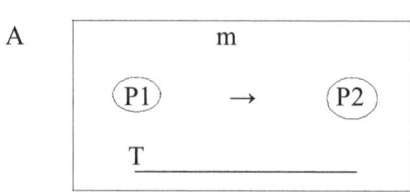

<그림3> '去'의 기본 의미에 대한 도식

<그림3>은 '去'의 기본 의미를 도식으로 나타낸 것이다. <그림2>에서 설명하듯이 A는 행위자(Agent)를, P는 지점(Point)을 말한다. 행위자는 한 지점(P1)을 떠나 다른 지점(P2)으로 이동(movement)하는 것을 의미한다. 또한 '去'가 사용된 맥락에 따라 시간(T)을 추가할 수 있다. <그림2>와 대조해 보면 '去'의 기본 의미는 '가다'와 비슷하지만 차이도 있는 것을 알 수 있다.

'去'도 <그림3>에 있는 모든 요소가 한 문장에 모두 표현될 수 있고 일부만 부각될 수도 있다. 다음에 구체적인 예문을 통해 살펴보고자 한다.

12) ㄱ. 我們今天去故宮. (우리는 오늘 자금성에 간다.)
　　ㄴ. 我們單位去了一位代表. (우리 기관에서는 대표 한 명을 보냈다.)
　　ㄷ. ＊他用出租車去的.[21] (그는 택시로 갔다.)

12)ㄱ에서는 '去'의 목적지와 시간, ㄴ에서는 행동체가 부각되어 있다. ㄷ은 중국어에서 맞지 않은 문장이다. 즉, 중국어 '去'의 기본 의미에 길이나 방법은 부각될 수 없는 것이다.

---

21 ＊는 비문(문법에 맞지 않는 문장)을 뜻한다. 이 문장은 중국어로 정확하게 표현하려면 "他坐出租車去的"(坐: 타다)라고 해야 한다. 즉, 길이나 방법을 표현하려면 다른 동사가 있어야 할 수 있고 '去'만 쓰면 표현될 수 없는 것이다.

또한 한국어의 '가다'에는 어떤 기관을 나타내는 명사가 도착점이 되면, 이 명사는 기관의 건물을 가리킬 수도 있고 이 건물의 기능을 가리킬 수도 있다. 중국어의 '去'는 과연 어떠한지 한번 살펴보자.

13) ㄱ. 他去醫院了. (그는 병원에 갔다.)

　　ㄴ. *他明年去高中. (그는 내년에 고등학교에 간다.)

13)에서 ㄱ과 ㄴ은 모두 어떤 기관을 나타내는 명사가 도착점으로 부각되어 있다. ㄱ에서 도착점 '병원'은 장소인 '병원'을 가리킬 수도 있고 병원의 기능을 가리킬 수도 있다. 하지만 ㄴ에서는 '去'만으로는 '고등학교 다니다'란 의미를 표현할 수 없고 "他明年去上(다니다)高中"로 해야 맞는 문장이다.

3.2.2 의미 확장 대조

본 장에서는 '가다'와 '去'의 다양한 의미를 분석해 보고 각각 의미 확장의 양상을 고찰하고 이들의 공통점과 차이점을 찾아내려고 한다. 본 장에서는 3.1.3 장에서 정리해 놓은 의미 항목들을 분석 대상으로 하고, 사전에서 등재된 예문[22]을 통하여 이들의 의미 확장 양상을 고찰하고자 한다. 우선, '가다'의 의미 확장 양상에 대해 살펴보도록 한다.

---

22 본 장에서 비교해 보고자 하는 의미 항목은 필자가 여러 자료를 참고하여 다시 정리한 것이다. 그러므로 예문은 어느 한 사전에서 등재된 것만 사용되는 것이 아니라 한국어 예문은 『표준국어 대사전』과 『우리말 큰 사전』, 중국어 예문은 『現代漢語詞典』과 『現代漢語八百詞』를 참조하여 고르는 것이다.

3.2.2.1 '가다'의 의미 확장 양상

이 절에서는 '가다'의 다양한 의미를 분석해 보고자 한다. 사용된 맥락에 따라 '가다'의 의미가 달라진다. 다음에 각 의미 항목의 예문을 통해 '가다'의 의미가 어떻게 확장[23]되었는지를 살펴보자.

'가다'-동사

① 이곳에서 다른 곳으로 움직이다.

14) ㄱ. 철수야, 부산에 언제 가니?

ㄴ. 개미가 먹이를 찾아서 꽃으로 가고 있다.

3.2.1.1에서는 '가다'의 기본 의미를 '어느 지점에서 다른 지점으로의 이동'으로 설정하였다. 즉 ①번 의미 항목은 '가다'의 기본 의미이다. 14)ㄱ은 '철수'가 '부산'으로 이동할 것을 나타내며 행위자(철수)와 도착점(부산)이 모두 명시되어 '가다'의 기본 의미의 모습을 가지고 있다. 행위자가 [+생물]중에 [+사람]이므로 도착점 또한 구체적인 모습으로 보여준다. '가다'는 ㄱ에 있어서 기본 의미만 표현되고 의미의 확장은 전개되지 않았다.

ㄴ에서는 '개미'가 '꽃'으로 움직여지는 것을 나타낸다. 구체적인 도착점을 가지고 있지만 행위자는 [-사람](개미)으로 실현이 된다. 즉 ㄴ에서는 '가다'의 행위자가 [+생물], [+사람]으로 [+생물], [-사람]으로 확장되었다.

② 종사하거나 배우거나 일보기 위해 있던 곳에서 어디로 옮

---

23 여기에서는 임지룡(1997:240-242)에서 제시한 의미 확장의 여섯 가지 양상을 토대로 분석하고자 한다. (본 논문 2.2장 참조)

기다.

　15) ㄱ. 그는 동사무소에 갔다.

　　　ㄴ. 성철이는 학교에 다니다가 군대에 갔다.

　15) ㄱ과 ㄴ에서는 [+생물], [+사람]인 행위자(그, 성철이)와 구체적인 도착점(동사무소, 군대)이 명시되었지만 '가다'의 의미는 변화가 생겼다. ㄱ과 ㄴ문장의 뜻을 설명하면 다음과 같다.

　ㄱ. 그는 동사무소에 갔다. ――그는 동사무소에 일보러 갔다.

　ㄴ. 성철이는 학교에 다니다가 군대에 갔다. ――성철이는 휴학하고 병역에 복무하러 군대에 갔다.

　여기에서 '동사무소'와 '군대'는 [+물리적 공간]을 뜻하는 것이 아니라 물리적 공간이 갖고 있는 사회적 기능을 가리킨다. 다시 말하면, '가다'의 공간 이동은 [+물리적 공간]에서 [+사회적 공간]으로 확장된다.

　③ 물체가 기울어지거나 치우치다.

　16) 기둥이 왼쪽으로 좀 간 것 같다.

　16)에서는 행위자가 '기둥'이고 도착점은 '왼쪽'이란 방향이다. 출발점이 문장에서 제시되지는 않았지만 문맥에 따라 암시적으로 파악할 수 있다. 그러므로 여기에서 '가다'의 의미가 일반적으로 사용되는 '공간 이동'과 맞는 것으로 추정할 수 있다. 이 문장에서 행위자 '기둥'은 [+사람]도, [+생물]도 아니고 감정이나 의지가 없는 [+무생물]이다. '가다'의 행위자는 [+사람]→[+생물]의 확장을 거쳐, [-생물]인 [+무생물]로 확장되었다.

　④ 상태, 형편 따위가 계속되거나 유지되다.

17) ㄱ. 이 건물은 앞으로 50년은 간다.

　　ㄴ. 그 결심이 며칠이나 가겠냐?

17)ㄱ에서 행위자가 [+무생물]인 건물이지만 사람 눈에 보일 수 있는 구체적인 것이다. '앞으로 50년'은 '가다'의 이동 의미가 [+공간 이동]에서 [+시간 이동]으로 변한 것이다.

ㄴ에서는 '가다'의 의미가 ㄱ과 같은 [+시간 이동]의 뜻으로 사용되고 있지만 행위자가 [+무생물]이고 [-구체성]인 '결심'으로 변했다.

이상 17)ㄱ과 ㄴ 예문의 분석을 통하여 '가다'의 의미는 [+공간 이동]에서 [+시간 이동]으로, 행위자는 [+구체성] 사물에서 [+추상성]으로 확장되었다.

⑤ 금, 줄, 흠, 주름살 따위가 생기다.

18) ㄱ. 금이 간 항아리.

　　ㄴ. 유리에 흠이 갔다

18) ㄱ과 ㄴ에서 행위자가 각각 '금'과 '흠'이며 눈으로 보일 수 있는 [+구체성]인 것으로 볼 수 있다. 출발점과 도착점은 문맥에서 알 수 없고 '금'이나 '흠'이 어디서 어디로 '가는' 것인지도 모른다. '금'과 '흠'은 의지도 생명력도 없는 것인데 어떻게 이동할 수 있을까? 다시 말하면 여기에서 사용되는 '가다'의 의미는 [+구체성] 있는 이동이 아니고 [-구체성]인 [+추상성]이 부각되는 이동을 뜻한다. '가다'의 이동 의미가 [+구체성]에서 [+추상성]으로 확장된다는 것을 알 수 있다.

⑥ 끼어 있던 때 따위가 없어지다.

19) ㄱ. 빗물에 때가 잘 간다.

ㄴ. 때가 잘 가는 고농축 세제.

ㄱ과 ㄴ의 행위자가 모두 [-사람], [-생물], [+무생물]인 '때'이다. '때'가 '빗물'이나 '고농축 세제'에 의하여 원래 있던 곳에서 다른 곳으로 이동된다. '다른 곳'은 문맥에 따라 '하수도' 등으로 인식될 수 있다. 또한 '가다'란 것은 '때'가 있는 상태에서 없는 상태로 변화된다는 것이다. 다시 정리하면 여기에서 '가다'의 이동 의미는 [+공간 이동]에서 [+시간 이동]의 변화를 거쳐 [+상태 이동]으로 이르지만 도착점은 [+구체적]으로 인식될 수 있다.

⑦ 불이 꺼지다

20) ㄱ. 전깃불이 나갔다.

ㄴ. 아이고, 연탄불이 갔네.

20)의 경우 그 행위자인 '불'이 [+무생물]이고 [+구체적]이다. 출발점은 여기에서 '불'이 원래 있던 위치를 가리킬 수 있는데 도착점은 [-구체적]이다. 그리고 '불이 가다'란 것은 [+상태 이동]이다. 행위자가 [+구체적]인 [+무생물]인데 도착점은 [+구체적]인 지점에서 [-구체적], [+추상적]인 지점으로 확장되었다.

⑧ 어떤 값이나 정도에 이르다.

21) ㄱ. 이 돌의 무게는 얼마나 갈까?

ㄴ. 그 아파트는 시가로 2억이 간다.

이상의 예문에서 '가다'는 무게나 값이 어느 정도에 이르다는 의미로 쓰였다. 여기에서 '돌의 무게'와 '시가 2억'은 '가다'의 추상적인 도착점으로 인식될 수 있다. 또한 행위자인 '돌의 무게'와

'그 아파트(의 값)'는 이 추상적인 지점에 도착한다는 의미로 볼 수 있는데 [+공간 이동]에서 [+추상 이동]으로의 의미 확장이 이룬 것이다.

⑨ 재산이 거덜거덜이나 없어지다.

22) 그 많던 재산이 어디로 갔지?

⑨번의 예문에서 행위자 '재산'이 어디로 가느냐고 물어보는 것이다. '재산'을 움직일 수 있는 사람으로 여기고 의인화해서 의미 확장이 이루어진 것이라고 생각할 수 있다. 그리고 문맥을 통하여 '재산'이 원 소유자에서 떠나 다른 곳(새 소유자)으로 이동하고, 재산이 있는 상태에서 없는 상태로 변화해 간 것을 추측할 수 있다.

⑩ 손질, 품, 비용 따위가 들다.

23) 손질이 많이 간다.

23)는 어떤 일에 손질이 많이 필요하다는 의미로 쓰인다. 즉 도착점이 '어떤 일', 행위자는 '손질'이고 '손질'이 어떤 일로 움직인다는 [+추상적인 이동]을 나타낸다.

⑪ 소식, 연락, 말 따위가 어디, 누구에게 알려지거나 전하여지다.

24) 연락이 가다.

⑪번 의미는 소식이 어떤 방법을 통해 그 소식을 아는 사람에서 모르는 사람에게 가는 것을 뜻한다. 여기에서 '소식을 아는 사람'을 출발점으로, '소식을 모르는 사람'을 도착점으로 간주하고 추상적인 행위자 '소식'의 [+공간적 이동]을 나타낸다.

⑫ (대상을 기준으로) 어떤 정도에 이르다.

25) 소년의 허리쯤에 갈까 말까 했다.

의미 확장 분석의 입장에서 보면 ⑫번 의미는 ⑧번 의미와 같은 점이 있다. 즉 문장에서 암시적으로 제시된 행위자가 추상적인 지점 '소년의 허리쯤'에 도착하는 것을 표현한 것이다. [+공간 이동]에서 [+추상 이동]의 확장으로 의미가 이루어진 것이라고 볼 수 있다.

⑬ 시간이 이르거나 지나다.

26) ㄱ. 시간 가는 줄도 모르고…
ㄴ. 결국에 가서는…
ㄹ. 내년에 가서는 수출이 활기를 띨 것이다.

이상의 예문에서는 행위자가 모두 '시간'으로 볼 수 있다. 행위자 '시간'의 이동을 사람의 이동과 같은 것으로 설정하고 의인화의 기제로 행위자의 이동이 [+공간 이동]에서 [+시간 이동]으로의 확장된 것을 나타낸다. 또한 이종열(1998)은 '가다'의 다의성에 대해 분석하면서 이처럼 시간이 행위자로 쓰이는 경우는 추상적인 시간 영역을 구체적인 공간 영역을 통해 이해할 수 있다는 점에서 '존재론적 은유'와 관계가 있다고 하였으며, 이기동(2000)은 역시 <시간은 움직이는 개체이다>와 같은 은유가 실현된 것이라고 하였다.

⑭ (남에게) 차례 지거나 몫이 지다.

27) ㄱ. 첫째 가는 일
ㄴ. 이 토지 소유권은 상속인인 갑에게 가야 한다.

⑭번 의미 항목은 ⑨번과 비슷한 점이 있다. 여기에서는 '일', '토지 소유권' 등 추상적인 것을 행위자로 보고 화자가 아닌 '남'을

추상적인 도착점으로, '가다'의 의미가 [+공간적 이동]에서 [+추상적 이동]의 확장으로 이루어진다.

⑮ 목적하는 일의 방향으로 움직이다.

28) ㄱ. 새 역사의 갈길

ㄴ. 선진국으로 가기 위한 부단한 노력.

28)에서 제시된 '새 역사'와 '선진국'은 각각 역사와 국가 발전의 도착점을 뜻하고 있다. 역사와 국가 발전은 구체적인 행위자가 아니고 또한 도착점과 이의 이동도 역시 추상적인 상태의 변화이다. 즉 여기에서는 '가다'의 <공간→추상>으로의 확장으로 의미가 이루어진 것이다.

⑯ 마음이나 눈길이 쏠리다.

29) ㄱ. 관심이 가다.

ㄴ. 영희에게 호감이 가다.

여기에서는 '관심'과 '호감' 등 심리적인 감정을 사람처럼 이동할 수 있는 것으로 설정하고 행위자로 본다. ㄱ에서 명시적으로 제시되지 않았지만 문맥을 통해 도착점이 어떤 사람인 것을 추측할 수 있고 ㄴ에서는 '영희'를 도착점으로 본다. 추상적이고 심리적인 감정이 구체적인 장소(사람)에 이동하는 것은 <공간→추상>, <일반성→비유성>으로의 확장으로 이루어진다.

⑰ 이해, 짐작, 판단 등이 되다.

30) 이해가 간다.

'가다'의 ⑰번 의미는 ⑯번과 같게 '이해'란 추상적인 행위자 이동을 뜻한다. 여기에서는 <공간→추상>, <일반성→관용성>으로의 확장을 통해 표현되고 더 나아가 '가다'의 존재론적 은유가 사용된 것이라고 볼 수 있다.

⑱ 본래의 맛, 성질 따위가 변하거나 없어지다.

31) ㄱ. 입맛이 가다.

　　ㄴ. 물이 간 생선

여기에서는 '가다'가 '상태의 변화'의 의미로 쓰이고 있다. ㄱ에서는 '입맛이 있는 상태'에서 '입맛이 없는 상태'로, ㄴ에서는 '생선'이 '정상 상태'에서 '비정상 상태'로 변화해 간다. ⑱번 의미에서 '가다'는 역시 존재론적 은유 확장으로 의미를 이룬 것이다.

⑲ 사람이 죽다.

32) ㄱ. 저 세상으로 갔어.

　　ㄴ. 그는 비록 갔지만 그가 남긴 뜻은 아직도 살아 있다.

'사람이 죽다'의 의미로 쓰인 '가다'는 사람이 살고 있던 세상에서 떠나는 것으로 이해할 수 있다. 도착점은 구체적인 장소가 아니기 때문에 명시적으로 제시할 수 없지만 문맥을 통해 파악될 수 있는 것이다. 여기에서 '가다'는 추상적인 공간 이동이며 [+일반성]에서 이탈하고 [+비유성]으로 확장된 것을 알 수 있다.

⑳ 운수나 복이 없어지다.

33) ㄱ. 손해 가는 장사를 누가 하겠냐?

　　ㄴ. 이미 가버린 행운

⑳번 의미 항목은 '운수'나 '복'이 모두 추상적인 행위자로 이들의 상태 변화를 나타낸다. ㄱ에서 '손해 가다'는 이익이 있는 상태에서 없어지는 상태로의 변화, ㄴ에서는 행운이 있는 상태에서 없는 상태로의 변화를 표현한다.

보조동사

① 용언의 부사형 '-아/어'의 뒤에서 그 동작이나 상태가 앞으로 변해감을 나타내다.

34) ㄱ. 남극의 얼음이 녹아 가는 모습을 보고 지구온난화에 대해 다시 한 번 생각하게 되었다.

ㄴ. 흰 쌀이 쌀밥으로 되어 가는 것을 보고 허기를 느꼈다.

이상의 예문에서는 '가다'를 없애도 문장 의미에 큰 영향을 끼치지 않을 것이다. 즉 '가다'는 구체적인 의미를 표현한 [+내용어]에서 문법적 의미를 지니는 [+기능 어]로 변화해 간다.

3.2.2.2 '去'의 의미 확장 양상

'去'-동사

① 從所在地到別的地方. (소재지로부터 다른 곳으로 가다.)

35) ㄱ. 我們今天去故宮. (우리는 오늘 자금성에 간다.)

ㄴ. 我們單位去了一位代表. (우리 기관에서는 대표 한 명을 보냈다.)

ㄷ. 我給他去過幾封信. (나는 그에게 편지 몇 통을 보냈다.)

①번 의미는 3.2.1.2장에서 살펴보듯이 '去'의 기본 의미로, 『現代漢語詞典』과 『現代漢語八百詞』 두 사전에서 모두 첫 번째 의미 항목으로 기술하고 있다. ㄱ은 '我們'이 '故宮'으로 이동하는 것을 나타내고 '去'의 기본 의미가 가장 전형적으로 나타난 경우라고 할 수 있다. 즉 이 문장에서는 행위자와 도착점에 초점이 놓인 것으로 볼 수 있다.

예문 ㄴ은 ㄱ과 달리 이동의 출발점이 표시되어 있는데, '我們 單位'에서 '一位代表'가 임의의 도착점을 향해 이동해 간다고 생각할 수 있다.

ㄷ에서는 행위자가 [−사람], [−생물]인 '편지'인데, 이동의 출발점인 '나'에서 행위자인 '편지 몇 통'이 도착점인 '그녀'로 이동해 가는 것으로 이해할 수 있다.

위의 예문을 통하여 분석한 결과로는 ①번 의미는 행위자가 [+사람]에서 [−사람], [−생물]로, 도착점은 [+구체적]인 장소에서 [−구체적]인 장소로 확장되었다.

② 離開. (떠나다.)

36) ㄱ. 久而不去. (오래도록 떠나지 않다.)
    ㄴ. 他去了職就返歸裡了. (그는 퇴직하고 곧 고향마을로 돌아갔다.)

②의 의미 항목은 '去'의 어원적인 본의를 뜻한다. 각 예문을 살펴보면 ㄱ에는 떠나는 곳이 표시되어 있지 않고, ㄴ에서는 '去'의 뒤에 떠나는 곳이 나타난다. 그리고 ㄴ에서는 떠나는 곳(출발점)이 ①번 의미에 나타난 '장소'에서 '사람', '사람'에서 '직위'로 변화하고 있다. ㄴ에서는 장소의 의미가 원래 의미에서 멀어졌다고 볼 수 있다.

이렇게 살펴보면 ②번 '去'에 출발점이 생략되거나 [+추상적]인 장소로 확장된 것을 알 수 있다.

③ 失去; 失掉. (잃다, 잃어버리다.)

37) ㄱ. 大勢已去. (대세는 이미 가버렸다.)
    ㄴ. 光陰一去不復返. (세월은 한 번 가면 돌아오지 않

는다.)

③은 예문들 속에서의 '去'의 의미를 '잃다, 잃어버리다'로 풀이했는데, 이것은 주관적인 관점에 따른 해석이라고 볼 수 있다. ㄱ과 ㄴ에서 '대세'와 '세월'을 잃어버렸다고 이해하게 되는 이유는 '대세'와 '세월'이 화자로부터 떠나서 없어졌기 때문인데, 이렇게 생각하면 '去'가 의미하는 독자적인 의미는 '잃다'라기보다는 '떠나다'라고 받아들이는 것이 더 자연스러울 것이다. 즉 '잃다'란 의미는 '대세'와 '세월'이 떠나고 난 후의 상황에 대하여 화자가 느끼는 주관적인 해석이라고 볼 수 있는 것이다. 한편 '대세'와 '세월'은 공간 속에서 이동하는 것이 아니다. 이는 [+공간 이동]에서 [+시간 이동], [+추상 이동]으로의 의미 확장이라고 볼 수 있다.

④ 除去; 除掉. (제거하다, 없애버리다.)

38) ㄱ. 這水果去了皮才能吃. (이런 과일은 껍질을 제거해야 먹을 수 있다.)

ㄴ. 去掉這段話, 意思就變了. (이 단락의 말을 제거해버리면 의미가 달라진다.)

ㄷ. 勞動能祛百病. (노동은 온갖 병을 없앨 수 있다.)

ㄹ. 吃點兒中藥去去心裡的火. (한약을 좀 복용하고 마음속의 열을 식혀라.)

④의 '제거하다'는 '있던 것을 없애다'는 의미인데, '출발점에서 없어짐'이 부각된 것으로 볼 수 있다. ㄱ-ㄹ 문장에서 제거의 대상은 '껍질, 한 단락의 말, 온갖 병, 마음속의 열' 등으로 제각각인데 구체성의 정도를 따져볼 때 의미 확장 양상 중에 [+구체성]

에서 [-구체성], [+추상성]으로의 확장으로 이해할 수 있을 것이다.

⑤ 距離. (거리.)

39) ㄱ. 兩地相去十幾里. (두 곳은 서로 십여리가 떨어져 있다.)

ㄴ. 連峰去天不盈尺. (연이은 봉우리들은 하늘로부터 한 척도 안 떨어져 있다.)

ㄷ. 去今五十年. (현재로부터 오십년이 떨어져 있다.)

⑤에서 '去'는 [+공간 이동]에서 [+시간 이동], [+추상 이동]으로의 의미 확장을 보여준다. ㄱ 문장에서 '去'는 두 지점 사이의 거리를 나타낸다. 일반적으로 공간적인 거리는 두 지점 간의 거리를 의미하는데 ㄴ에서는 봉우리와 하늘 사이의 거리에 적용되었으며, ㄷ에서는 시간적, 추상적인 거리로 확장되었다.

⑥ 過去的(時間, 多指過去的一年). (과거의(시간, 대개 지난1년을 가리킴).)

40) ㄱ. 去年, 我考上了大學. (작년에 나는 대학에 붙었다.)

ㄴ. 去秋 (작년 가을)

⑥에서는 '去'를 '과거'라는 의미로 되어 있는데, ㄱ과 ㄴ의 예문 속의 '去'가 나타내는 개별적인 의미를 살펴보면 이동해 간 행위자가 '년'과 '가을'임을 알 수 있다. 즉, '한 해'가 지나가버리면 '지난 해'가 되는 것이고 '가을'이라는 계절이 지나가버리면 '지난 가을'이 되는 것이다. 이것은 은유적으로 시간을 행위자로 본 것으로 시간의 움직임을 공간 속에서의 움직임과 같은 방식으로 이

해한 것이라고 할 수 있다.[24] 또한 현대 중국어에서는 '去年'과 '去秋'를 관습적으로 사용되어 있다. 즉 여기에서는 '去'의 [+일반성]에서 [+비유성], 또 [+비유성]에서 [+관용성]으로의 의미 확장을 뜻한다.

⑦ 婉辭, 指人死. (완곡한 표현, 사람이 죽다.)

41) ㄱ. 他不到四十歲就先去了. (그는 40세도 안 되어 먼저 죽었다.)

⑦에서 '去'는 '去世'(세상을 떠나다)의 의미로 쓰였다. '去世'에서 '去'는 '떠나다'의 의미인데 이는 '去職' 등과 같은 의미 확장을 이룬 것이라고 볼 수 있다. 이들 단어는 현대 중국어에서 관용 표현과 같이 쓰이고 있으므로 '去'의 [+일반성], [+비유성]에서 [+관용성]으로의 의미 확장으로 볼 수 있다.

⑧ 用在另一動詞前表示要做某事. (다른 동사 앞에서 어떤 일을 할 것임을 나타내다.)

42) ㄱ. 我今天晚上去看電影. (나는 오늘 저녁에 영화를 볼 것이다.)

ㄴ. 這件事你去處理一下兒. (이 일은 네가 좀 처리해라.)

ㄷ. 你們大家都去想想辦法. (너희들 모두 방법을 좀 생각해보아라.)

⑧번 의미 항목에 대하여 두 사전은 모두 '다른 동사 앞에서 어떤 일을 하려고 함'을 나타낸다고 설명하고 있다. 『現代漢語八百

---

24 이기동(2000:141)은 '가다'와 'Go'의 의미를 분석하면서 <시간은 움직이는 개체이다>, <시간의 흐름은 공간 속의 이동이다> 등의 은유를 이용하였는데, "장소 이동의 개념은 시간 개념을 이해하는 형판이 된다."고 하여 장소와 시간 사이의 은유적인 사상 관계를 강조하였다.

詞』에서는 이 의미 항목을 설명하면서 '去'를 쓰지 않아도 기본적인 의미가 변하지 않는다고 추가 설명을 하기도 하였다.[25] ㄱ, ㄴ, ㄷ의 문장에 적용해 보면 '去'는 '영화를 보다', '이 일을 처리하다', '방법을 생각해보다' 등의 일을 함에 앞서 이루어지는 공간 이동의 개념을 나타낸다고 할 수 있다.

⑨ 用在動詞或動詞結構後面表示去做某件事. (동사나 동사구 뒤에서 가서 어떤 일을 함을 나타내다.)

43) ㄱ. 回家吃飯去了. (밥 먹으러 집에 돌아갔다.)
　　ㄴ. 買東西去了. (그녀는 물건을 사러 갔다.)

⑧과 ⑨의 의미 항목은 '去'의 의미를 각각 '어떤 일을 할 것임'과 '어떤 일을 함'으로 구분했는데, '去'가 '공간 이동'의 개념을 갖는다는 사실에는 차이가 없어 보인다. 42)ㄱ에서 영화를 보기 위해서는 극장에 가야하는 공간 이동이 필요하며, 43)ㄱ에서 밥을 먹으려면 집에 돌아가야 하는 공간 이동이 필요하다.

⑩ 用在動詞結構(或介詞結構)與動詞(或動詞結構)之間, 表示前者是後者的方法, 方向或態度, 後者是前者的目的. (동사구나 전치사구와 동사나 동사구 사이에서 앞동작이 뒤동작의 방법, 방향, 태도라는 것과 뒤동작이 앞동작의 목적이라는 것을 나타내다.)

44) ㄱ. 提了一桶水去澆花. (물 한 통을 길어서 꽃에 물을 준

---

[25] 허성도(2002)는 이러한 '去'의 쓰임에 대하여 설명하면서 "중국인은 구체적인 행위가 발생하기 위해서는 일정한 공간이 필요하다는 思維體系를 가지고 있는 것으로 보인다. 그러므로 발화 현장에서 행위가 발생하지 않는 중국인은 먼저 행위 발생의 공간으로 이동해야 한다고 사유한다. '來/去' 구문은 이러한 사유형태를 나타내는 문형이다." 고 분석하였다.

다.)

ㄴ. 要從主要方面檢. (주요한 방면부터 검사를 한다.)

ㄷ. 用辯證唯物主義的觀點去觀察事物. (변증법적 유물론의 관점으로 사물을 관찰한다.)

⑩의 '去'는 역시 '공간 이동'의 개념으로 이해할 수 있는데, 예문들에서 '去'는 동사구(또는 전치사구)와 동사(혹은 동사구) 사이에서 행위가 일어나기 위한 공간 이동을 나타내고 있다. ㄱ에 비해서는 ㄴ, ㄷ의 경우 공간 이동의 개념이 약화되었다고 느껴지는데, 이것은 '검사'와 '관찰'이 나타내는 동작의 구체성이 '꽃에 물을 주다'보다 약하기 때문이다. 이들 예문에서 '去'는 화자와 청자가 말하고 있는 곳으로부터 다른 지점으로의 이동이나 출발점에서의 떠남을 암시적으로 전제한다는 것을 알 수 있다.

'去'-추향동사

① (趨)用在動詞後, 表示人或事物隨動作離開原來的地方. ((추향동사)동사 뒤에서 사람이나 사물이 동작과 함께 원래 있던 곳을 떠남을 나타내다.)

45) ㄱ. 一群孩子向河邊去. (한 무리의 아이들이 강가로 뛰어갔다.)

ㄴ. 火車向遠方開去. (기차는 먼 곳으로 달려갔다.)

ㄷ. 剛派去一個人. (방금 한 명을 보냈다.)

ㄹ. 我們給幼兒園送了不少玩具去. (우리는 유치원에 많은 장난감을 보냈다.)

ㅁ. 那一年, 他父母都相繼死去. (그 해에 그의 부모는 연이어 돌아가셨다.)

ㅂ. 拍去身上的塵土. (몸의 먼지를 털어버리다.)

ㅅ. 疾病奪去了他的生命. (질병이 그의 생명을 앗아갔다.)

이상의 예문들에서 '去'는 추향동사로써 '출발점에서 떠남'을 의미한다. 이러한 의미는 '去'의 本義인 '떠남'에서 비롯된 것으로, 현대 중국어에서 '去'는 단독으로는 더 이상 '떠남'의 의미를 나타내지 않지만 다른 동사와 함께 쓰이는 기능어적인 쓰임에서는 여전히 本義를 지니고 있음을 알 수 있다.

예문 ㄱ, ㄴ과 ㄷ, ㄹ에서 행위자는 [+사람]에서 [+무생물](사물)로 변화하였다. 예문 ㅁ, ㅂ, ㅅ에서 '去'는 '출발점에서 떠남과 아울러 소멸해 버림'을 뜻하고 있는데 사라져 버리는 것이 '먼지'에서 '생명'으로 추상화되고 있다.

② (趨)用在動詞后, 表示動作的繼續等. (추향)동사 뒤에서 동작의 계속 등을 나타내다.

46) ㄱ. 信步走去. (발길 가는 데로 걸어가다.)

ㄴ. 隨他說去, 別理他. (그가 말하게 내버려 두고 상관하지 마라.)

ㄷ. 他看去還是個不到二十歲的青年. (그를 보니 아직 20세 안 된 청년이다.)

ㄹ. 這聲音聽去像是有人走動. (이 소리를 들으니 누군가 걷고 있는 것 같다.)

②에서 '去'는 다른 동사 뒤에서 그 동사가 의미하는 동작이 지속됨을 나타낸다. 이들 의미 속에서도 [+공간 이동]의 개념을 찾을 수 있다. ㄱ는 공간속에서 걷는 동작이 지속됨을 나타내고 ㄴ에서는 말하는 동작이 시간 속에서 계속됨을 나타낸다. ㄴ의

경우는 공간의 이동이 시간으로 확대되었다고 볼 수 있다. ㄷ와 ㄹ는 역시 공간 이동의 방식으로 이해할 수 있는데, '보는 동작'과 '듣는 동작'은 모두 공간 속에서 이루어지는 행동이라고 간주할 수 있다.

이상에서 '去'가 나타내는 의미 항목을 대상으로 의미 확장의 양상에 대하여 알아보았다. '去'가 나타내는 동작과 관련된 행위자, 출발점, 거리, 도착점이 부각되면서 새로운 의미 항목들이 생성되었다는 것을 알 수 있었다. '추향동사'로의 쓰임은 '去'가 [+내용어]에서 [+기능어]로 확장된 의미로 볼 수 있다.

3.2.2.3 '가다'와 '去'의 의미 확장 양상 대조

이상으로 '가다'와 '去'가 나타내는 전체 의미 항목을 대상으로 의미 확장의 양상과 방법에 대하여 알아보았다. 이 절에서는 이들의 의미 확장 양상을 대조 분석하고 공통점과 차이점을 살펴보고자 한다.

우선, '가다'와 '去'의 의미 확장 양상의 공통점으로는 다음과 몇 가지가 있다.

첫째, '가다'와 '去'는 모두 존재론적 은유의 방법에 따라 다양한 사용의미를 가지게 된다. '가다'의 의미 항목[26] ④, ⑤, ⑥, ⑦번, ⑬번, ⑯, ⑰, ⑱번에서는 행위자(상태, 금, 줄, 때 따위, 시간, 마음, 이해, 맛이나 성질 등)를 의인화하고 존재론적인 은유 방법으로 '가다'의 확장 의미가 이루어진다. '去'의 의미 항목 ③과 ⑥번에서는 역시 행위자(권력, 시간)를 의인화하여 '권력이 없어

---

26 대응된 의미 항목은 3.1.3 장에서 제시된 '가다'와 '去'의 의미를 참조 바람.

지다'와 '시간이 지나가다'의 확장 의미를 표현한다.

47) ㄱ. 그 결심이 며칠이나 가겠냐?
   ㄴ. 입맛이 가다.
   ㄷ. 大勢已去. (대세는 이미 가버렸다.)
   ㄹ. 去秋 (작년 가을)

둘째, '가다'와 '去'의 의미 확장 양상에는 행위자, 행위자의 도착점, 그리고 이동은 이들의 중요한 의미 확장의 요인이 된다. 행위자(Agent)가 <사람→생물→무생물>, <구체→추상>으로의 확장 양상, 도착점(Point)이 <구체적인 지점→추상적인 지점>으로의 확장 양상, 이동(movement)이 <공간적인 이동→시간적인 이동→추상적인 이동>으로의 확장 양상은 '가다'와 '去'의 의미 확장의 주된 요인이다.

48) ㄱ. 철수가 부산에 갔다. →개미가 먹이를 찾아서 꽃으로 가고 있다.
   →그 많던 재산이 어디로 갔니?
   ㄴ. 光陰一去不復返. (세월은 한 번 가면 돌아오지 않는다.)
   →大勢已去. (대세는 이미 가버렸다.)

셋째, '가다'와 '去'는 모두 구체적인 어휘 의미를 가지는 내용어에서 문법적인 의미를 가지는 기능어로 확장되었다. '가다'와 '去'의 문법적인 의미는 각각 다르지만 같은 성질을 지니고 있다.

49) ㄱ. 흰 쌀이 쌀밥으로 되어 가는 것을 보고 허기를 느꼈다.
   ──변화를 나타냄
   ㄴ. 隨他說去. (그가 말하게 내버려 둬.) ──동작의 계속을

나타냄

다음에 '가다'와 '去'가 의미 확장 과정에서 나타낸 차이를 살펴보자.

첫째, '가다'와 '去'의 기본 의미를 살펴보면 '가다'의 요소는 행위자(Agent), 지점(Point), 경로(Method), 이동(movement)이 있다. 하지만 중국어 '去'의 요소는 행위자(Agent), 지점(Point), 이동(movement)으로 경로(Method)는 표현할 수 없다.

50) ㄱ. 그는 중부고속도로로 부산에 갔다. (행위자, 경로, 이동, 지점)

   ㄴ. 他去機場. – 그는 공항에 갔다. (행위자, 이동, 지점)

중국어 '去'의 문장에서 경로 요소를 표현하려면 동사 '走'를 추가해야 할 수 있다. 즉, 他走高速公路去機場. – 그는 고속도로로 공항에 갔다. (행위자, 경로, 이동, 지점)

둘째, '가다'가 의미 확장 양상에 있어 환유의 의미 확장 방법도 적용된다. '가다'의 ②번 의미에서 도착점(Point 2)이 어떤 장소나 건물인데 이를 그 장소나 건물의 기능을 지칭하고 확대시킨 것이다. 이는 바로 환유의 확대 지칭 방법이다.

51) 성철이는 학교에 다니다가 군대에 갔다.

여기서는 '군대에 갔다'는 '병역에 복무하다'란 의미를 뜻하고 있다. 중국어에서는 '군대에 갔다'란 말을 쓰지 않고 의미를 풀어서 병역에 복무하다는 것을 직접 표현하는 것이 대부분이다.

셋째, '가다'의 의미 확장에서는 행위자가 무생물인 경우가 매우 많은 반면, '去'의 의미 확장에서는 행위자가 사람이나 생물인 경우가 대부분이다. '가다'의 경우 ③번부터는 거의 모든 의미 확장의 행위자가 무생물이고 '去'는 ③과 ⑥번 제외하고는 나머지의 모든 의미 항목의 행위자는 모두 사람이다.

4. '가다'와 '走'의 대조

4.1 사전적 의미 대조
4.1.1 '走'의 사전적 의미

3.1장에서는 '가다'의 사전적 의미에 대하여 살펴보았으므로 본 장에서는 중국어 '走'의 사전적 의미를 정리하고 앞에서 정리된 '가다'의 사전적 의미와 비교해 보고자 한다. 여기에서 2종의 중국어 사전에 등재된 '走'의 의미를 제시하면 <표3>과 같다. 즉 『現代漢語詞典』과 『現代漢語八百詞』에서 나오는 '走'의 의미 항목을 제시한다.

중국어 '走'의 뜻을 『現代漢語詞典』에서는 총 9개, 『現代漢語八百詞』에서는 총 10개가 제시되어 있다.

<표 3> 중국어 '走'의 사전적 의미

번호	現代漢語詞典	現代漢語八百詞
1	人或鳥獸的 交互向前移動. 사람 또는 조수가 발을 교차하며 앞으로 이동하다.	人或鳥獸的 交互向前移動. 사람 또는 조수가 발을 교차하며 앞으로 이동하다.

번호	現代漢語詞典	現代漢語八百詞
2	달리다.	移動, 挪動. 이동하다, 옮기다.
3	(車, 船)運行, 移動, 挪動. (차, 배 등) 운행하다, 이동하다, 옮기다.	通行, 經過. 통행하다, 지나다.
4	離開, 去. 떠나다, 가다.	離開, 去. 떠나다, 가다.
5	指人死(婉辭). 사람이 죽다(완곡한 표현)	(親友之間)來往. (친척, 친구 사이에) 왕래하다.
6	(親友之間)來往. (친척, 친구 사이에) 왕래하다.	漏出, 泄漏. 새다, 누설하다.
7	通過, 由. 통과하다, 경유하다.	改變或失去原樣. 원래의 모습을 변화시키다 혹은 잃어 버리다.
8	漏出, 泄漏. 새다, 누설하다.	交上, 上. (행운을) 만나다.
9	改變或失去原樣. 원래의 모습을 변화시키거나 잃어 버리다.	(動結) 走得(不)成, 走得(不)動, 走得(不)了. 떠날 수 있다(없다), 걸을 수 있다(없다), 완성할 수 있다(없다).
10		(動趨) 走上, 走下來, 走下去, 走得過, 走得過來, 走得開, 走到. 새로운 직책을 맡다. 끝까지 할 수 있다. 계속 걸어가다. 견딜 수 있다. (친척, 친구 사이에) 전부 왕래할 수 있다. 떠날 수 없다. -까지 걸어가다.

4.1.2 '가다'와 '走'의 사전적 의미 대조

<표3>에서 제시하듯이 중국어 '走'의 의미는 '去'보다 항목 수가 적은 것으로 나와 있다. 앞에서 정리해 놓은 '가다'의 사전적 의미인 <표1>과 <표3>에 나오는 의미 항목을 바탕으로 하여 '가다'와 '走'의 사전적 의미를 간단하게 비교하고자 한다.

'가다'의 사전적 의미는 앞에서 이미 살펴본 바와 같이 여기에서는 다시 정리하지 않고 그대로 사용하기로 한다. <표3>을 간단하게 분석하자. 『現代漢語詞典』과 『現代漢語八百詞』에서 제시하고 있는 '走'의 의미 항목은 배열에 있어서는 차이를 보이지만 제시된 의미 항목은 대체적으로 같은데, 『現代漢語八百詞』는 '走'의 本義인 '달리다'와 완곡한 표현인 '사람이 죽다'는 의미를 누락시키는 반면 '(운수를) 만나다'라는 의미를 첨가하고 '走'의 동사구로의 기능도 등재되어 있다.

이 논문에서는 『現代漢語詞典』에서 제시한 의미 항목을 기준으로 하여 『現代漢語八百詞』에서 언급한 의미 항목을 첨가하여 의미 대조와 분석을 진행하고자 한다. 이 논문의 연구 대상으로 삼을 '走'의 의미 항목들을 정리하면 다음과 같다.

'走'-동사

① 人或鳥獸的交互向前移動. (사람 또는 조수가 발을 교차하며 앞으로 이동하다.)

② 跑. (달리다.)

③ (車, 船)運行, 移動, 挪動. (차, 배 등) 운행하다, 이동하다,

옮기다.
　④ 離開, 去. (떠나다, 가다.)
　⑤ 指人死(婉辭). (사람이 죽다(완곡 표현).)
　⑥ (親友之間)來往. ((친척, 친구 사이에) 왕래하다.)
　⑦ 通過, 由. (통과하다, 경유하다.)
　⑧ 漏出, 泄漏. (새다, 누설하다.)
　⑨ 改變或失去原樣. (원래의 모습을 변화시키거나 잃어버리다.)
　⑩ 交上, 碰上. ((행운을) 만나다.)
'走'의 의미 항목을 살펴보면 '가다'가 조동사로 사용될 수 있는 것에 비해, '走'는 동사로만 사용될 수 있는 것을 알 수 있다. 구체적인 의미 차이는 다음 절에서 살펴보도록 한다.

4.2 의미 확장 양상 대조
4.2.1 기본 의미 대조

'가다'와 '走'의 의미 확장 양상을 살펴보기 위하여 본 절에서는 '가다'와 '走'의 기본 의미를 설정하고 대조하려고 한다. 3.2.1에서 '가다'의 기본 의미를 이미 살펴보았으니 '走'의 기본 의미에 대해 알아보자.

4.2.1.1 '走'의 기본 의미

<표3>에서 제시된 '走'의 사전적 의미를 바탕으로 하고, 이의 구체적인 의미를 10개로 정리하였다. 10개의 의미에 공통적으로

존재하는 의미는 바로 '走'의 기본 의미로 볼 수 있다. 다시 말하면, 어느 지점에서 떠나, 어떤 길이나 방법을 통해 움직이는 의미가 '走'의 기본 의미가 된다. 이를 도식화하면 다음과 같다.

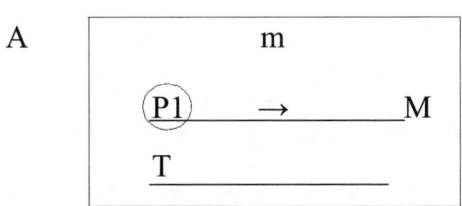

<그림4> '走'의 기본 의미에 대한 도식

<그림4>는 '走'의 기본 의미를 도식으로 나타낸다. A는 행위자(Agent)를, P는 지점(Point)을, M은 길이나 방법(Method)을 말한다. 행위자는 한 지점(P1)에서 떠나서 길을 따라 혹은 어떤 방법을 통해(M) 움직이는(movement) 것을 의미한다. 또한 '走'가 사용된 맥락에 따라 시간(T)을 추가할 수도 있다.

'가다'의 기본 의미에 대한 도식 <그림2>와 대조해 보면 '가다'와 '走'의 기본 의미에 있어 큰 차이가 있는 것을 알 수 있다. '가다'의 기본 의미에는 출발점(P1), 도착점(P2), 이동(m), 방법(M), 시간(T) 등 모두 표현될 수 있다. 또한 그 중에는 도착점(P2)과 이동(m)은 '가다' 기본 의미의 배경이 된다. '走'의 기본 의미에는 출발점(P1)과 이동(m), 이동 방법(M), 시간(T)만 표현될 수 있고 강조되는 것은 출발점(P1)과 이동의 모습이다. 다음에 구체적인 예문을 통하여 '走'의 기본 의미를 더 깊이 분석해 본다.

55) ㄱ. 咱們出去走走吧. (우리 나가서 좀 걸어보자.)
　　ㄴ. 他慢慢從山坡上走下來. (그는 산비탈에서 천천히 걸어 내려온다.)
　　ㄷ. ＊我走路學校. / 我走路去學校. (나는 걸어서 학교에 간다.)

55)에서 ㄱ에서는 행위자와 이동, 그리고 이동 방법, ㄴ에서는 출발점과 이동 방법이 부각된다. 그리고 ㄱ에서는 출발점을 명확하게 제시하지 않았지만, 문장 맥락에 따라 숨겨져 있는 출발점을 찾을 수 있다. ㄷ에서는 문장 두 개 있는데 비문 '＊我走路學校'와 맞는 문장 '我走路去學校'이다. 예문 ㄷ에서 도착점을 표현하려면 동사 '去'를 써야 되는 것을 알 수 있다. 즉, 중국어에서 대부분의 경우에는 동사 '走'만으로는 이동의 도착점이 표현될 수 없는 것이다.

4.2.2 의미 확장 대조

'走'의 기본 의미를 '가다'와 대조 분석한 다음 '走'의 의미 확장 양상을 살펴보고 '가다'의 의미 확장과의 공통점과 차이점이 어디에 있는지를 설명한다.

4.2.2.1 '走'의 의미 확장 양상

4.1.2에서 살펴보듯이 '走'의 구체적인 의미는 10개가 있다. 여기에서는 예문을 통하여 '走'의 의미가 어떻게 확장되었는지를 살펴보고자 한다.

'走'-동사

① 人或鳥獸的交互向前移動. (사람 또는 조수가 발을 교차하며 앞으로 이동하다.)

56) ㄱ. 我們出去走走. (우리 나가서 좀걸어보자.)
　　ㄴ. 孩子會走路了. (아이는 걸을 수 있게 되었다.)
　　ㄷ. 雪地上不知是什麼鳥走過的印. (눈밭의 발자국은 무슨 새가 지나간 것인지 모르겠다.)

이상의 세 문장은 모두 '걷다'의 의미를 나타내고 있는데, 행위자는 '우리', '아이'에서 '새'로 확장되었다. 이처럼 '走'의 행위자가 [+사람]에서 [-사람], [+생물]로 변화해간다.

또한 예문 ㄱ과 ㄴ의 경우는 이동 방법이나 길이 함축적인 배경으로서 작용한다고 볼 수 있다. '走'라는 동사가 명시적으로 나타내는 동작을 생각해 보면 이동의 공간은 사람이나 동물이 발로 밟을 수 있는 '지면 위'가 될 수 밖에 없다.[27] 따라서 ㄱ, ㄴ과 같이 이동의 공간이 생략된 경우도 있고, ㄷ처럼 뚜렷한 이동 공간은 제시되지 않았지만 문맥 속에서 이동 공간인 '눈밭'을 유추할 수도 있다.

---

27 이기동(2000:134-155)은 동사 '가다'의 의미를 분석하면서 그 개념 바탕에 움직이는 개체, 출발 지, 길, 도착지, 방법, 목적 등이 있으며, '가다' 동사의 개념적 형틀이 시간의 흐름, 상태의 계속, 과정의 전개, 소유 이전 등에 사상된다고 하였다. 또한 '타동사이면서 목적어가 생략되는 경우'에 대해 언급하면서, '어느 동사가 선택할 수 있는 목적어의 영역이 한정되어 있고, 그 가운데서도 전 형적인 것이 있을 수 있는데, 전형적인 것일수록 생략될 가능성이 높다고 말하였다.'

② 跑. (달리다.)²⁸

57) ㄱ. 奔走相告 (급히 달려가 알려주다.)

ㄴ. 不脛而走 (정강이가 없는데도 잘 달리다.)

'달리다'는 '走'의 本義이다. 달리는 모습과 걷는 모습은 형태적으로 유사하기 때문에 여기에서는 '走'의 의미가 은유적으로 확장되었다고 볼 수 있다.

③ (車, 船)運行, 移動, 挪動. (차, 배 등) 운행하다, 이동하다, 옮기다.

58) ㄱ. 這條船一個鐘頭能走三十里. (이 배는 한 시간에 30리를 갈 수 있다.)

ㄴ. 那塊表走了一會兒就停住了. (그 시계는 잠깐 가더니 멈췄다.)

ㄷ. 這步棋走得不錯. (너 이번 수는 잘 두었다.)

이상의 예문은 '走'가 사람이나 동물이 아닌 무생물의 이동을 나타내는 것으로 의미가 확장했음을 보여준다. 세 문장의 행위자는 각 '배', '시계', '바둑'이다. 여기에서는 무생물의 이동을 사람의 이동과 같은 것으로 설명하고 의인화 기제가 쓰여졌다고 볼 수 있다.

④ 離開, 去. (떠나다, 가다.)

59) ㄱ. 戲還沒演完, 觀眾就走光了. (연극이 끝나지도 않았는데 관객은 다 가버렸다.)

---

28 현대 중국어에서 '走'가 단독으로 '달리다'의 의미로 쓰이는 경우는 드물지만, 『現代漢語詞典』에 의미 항목으로 실려 있다는 점과 현대 중국어에서도 문어적인 표현에는 여전히 쓰이고 있다는 점에서 의미 분석에서 제외하지 않았다.

ㄴ. 貓聞了聞米飯, 走開了. (고양이는 밥 냄새를 맡고는 가버렸다.)

ㄷ. 我到火車站, 服務員說火車剛走. (내가 기차역에 도착했을 때, 역무원 이 기차가 막 떠났다고 말했다.)

ㄹ. 他出國留學, 一下子走了十年. (그는 외국에 가서 유학했고, 순식간에 십년이 지나버렸다.)

이상의 예문 ㄱ, ㄴ, ㄹ에서 '走'는 '가다'의 의미로 쓰이고 있으며 ㄷ에서는 '떠나다'란 의미로 쓰이고 있다. 또한 각 예문의 행위자를 살펴보면 ㄱ-ㄷ에서 행위자는 '관객', '고양이', '기차'로 확장되는데 이는 앞서 살펴본 <사람→생물→무생물>로의 확장과 같다. 예문 ㄹ에서 행위자는 '십년'이라는 시간으로 확장되는데, 이는 구체적인 공간영역을 통해 추상적인 시간영역을 이해하는 존재론적 은유와 관계가 있다. 즉, 예문 ㄹ은 '走' 의미의 <공간→시간>의 확장이다.

⑤ 指人死(婉辭). (사람이 죽다(완곡 표현).)

60) ㄱ. 他還這樣年輕就走了. (그는 아직 이렇게 젊은데 죽어버렸다.)

ㄴ. 一個多年老友昨天走了. (어제 다년간의 오랜 친구 한 명이 죽었다.)

예문 ㄱ과 ㄴ에서 '走'는 '죽다'를 완곡하게 표현한다. 여기에서 '走'는 '세상을 떠나다'의 의미인데, '머물러 있던 곳에서 떠나다'란 의미를 나타낸 것이라고 볼 수 있다. 여기에서는 '走'의 의미가 '공간적 이동'에 속하다고 볼 수 있지만 '공간'이 추상적인 것으로 확장된 것이다.

⑥ (親友之間)來往. ((친척, 친구 사이에) 왕래하다.)

61) ㄱ. 一到春節人們都走親戚. (설이 되면 사람들은 친척집에 다닌다.)

ㄴ. 我有日子沒走過親家了. (나는 오랫동안 사돈과 왕래하지 않았다.)

ㄷ. 我們倆走動比較勤. (우리 둘은 비교적 자주 왕래한다.)

ㄹ. 朋友之間要多走走. (친구들 간에는 많이 오고가야 한다.)

예문 ㄱ에서 '走親戚'은 '친척집에 다니다'란 의미로 쓰여 있다. 이러한 의미는 동사 '走'에 도착점이 부각된 드문 경우라고 볼 수 있다. 또한 이처럼 '走親戚', '走親家'는 '친척집'이나 '사돈집'인 장소에 가는 것이 아니라 <일반성→관용성>의 확장으로 자연스럽게 관용 표현으로 되었다.

⑦ 通過, 由. (통과하다, 경유하다.)

62) ㄱ. 我們走這個門出去. (우리 이 문을 통해 나가자.)

ㄴ. 六點以前, 自行車不能走西街. (6시 이전에 자전거는 西街로 갈 수 없다.)

ㄷ. 這道溝是走水的. (이 계곡은 물이 흐르다.)

ㄹ. 你也想走後門? (너도 뒷문으로 들어가고 싶냐?)

예문 ㄱ에서 '走'는 '통하다, 지나다'란 의미로 쓰였는데, '這個門'은 경로의 일부에 속한다고 볼 수 있다. ㄴ과 ㄷ의 경우 경로로 제시된 '西街', '溝'는 모두 경로의 변형이라고 생각할 수 있다. ㄱ-ㄷ에서는 행위자가 '우리'에서 '자전거', '물'로 변화하였는데 <사람→무생물>로의 의미 확장이 이루어진 것이다. 또한 ㄹ에서는 '뒷문으로 가다'가 '연줄 따위로 입학하거나 취직하다'란 의미로 쓰여 있어 <일반성→관용성>으로의 의미 확장이 이루어진 것으로 볼 수 있다.

⑧ 漏出, 泄漏. (새다, 누설하다.)

63) ㄱ. 這個車胎有點走氣. (이 타이어는 바람이 좀 빠졌다.)

ㄴ. 別走了風聲. (소문 퍼뜨리지 마라.)

ㄷ. 他說著說著就走了嘴. (그는 말하다가 비밀을 누설했다.)

ㄱ은 '타이어' 내부에 있는 '바람'이 행위자가 되어 '타이어'에서 이탈한 것으로 볼 수 있다. ㄴ에서는 이탈의 주체가 '소문'인데 이탈의 출발점이 제시되지는 않았지만 문맥을 통해 암시된 출발점을 추측해 보면 '화자와 청자가 함께 위치해 있는 곳'이나 '청자가 위치해 있는 곳'이라는 것을 알 수 있다. ㄷ에서는 '비밀을 누설하다'란 것은 '입을 잘못 놀림으로써 비밀을 누설하다'란 의미로 사용된 것이라고 생각할 수 있다. '走氣', '走風聲', '說走嘴'의 쓰임은 '走'가 <구체성→추상성> <일반성 →관용성>으로의 의미 확장으로 볼 수 있다.

⑨ 改變或失去原樣. (원래의 모습을 변화시키거나 잃어버리다.)

64) ㄱ. 這菜走味兒了. (이 음식은 맛이 갔다.)

ㄴ. 這件衣服洗了一次就走了形. (이 옷은 한번만 빨았는데 형태가 변했다.)

ㄷ. 我一唱歌就走調. (나는 노래만 하면 곡조가 안 맞는다.)

ㄹ. 我一下子走眼了, 把他當成了你. (나는 눈이 삐어서 그를 너로 생각했다.)

이상의 예문에서는 '走'는 원래의 모습이나 형태, 상태에서 이탈한다는 의미로 쓰인다. ㄱ-ㄹ 예문을 전체적으로 볼 때, '원래의 맛에서 이상한 맛으로', '원래의 모양에서 이상한 모양으로', '정상 상태에서 비정상 상태로'의 변화를 보여준다. '走'의 이탈 개념이 <구체성→추상성>으로 의미 확장을 이룬다.

⑩ 交上, 遇上. ((행운을) 만나다.)

65) ㄱ. 祝你走好運. (행운을 빕니다.)

ㄴ. 他這個人就沒走過好運. (그는 운수가 좋았던 적이 없다)

여기에서 '走'는 '행운을 만나다'란 의미로 쓰였다. '走運'은 '행운'에 도착하고 그 상태가 지속된 것으로 이해할 수 있다. 여기에서는 <일반성→비유성→관용성>으로의 의미 확장이 이루어진 것이라고 볼 수 있다.

이상으로 '走'의 의미 항목들을 대상으로 의미 확장이 어떻게 되었는지에 대하여 알아보았다. 앞서 살펴본 '가다'의 의미 확장 양상과 대조하고 이들의 차이점과 공통점에는 어떠한 것들이 있는지 살펴보고자 한다.

4.2.2.2 '가다'와 '走'의 의미 확장 양상 대조

앞서 3.2.2.2에서 알아본 '가다'의 의미 확장 양상을 참조하고 '走'의 의미 확장 양상과 대조 분석한다. 이들의 의미 확장 양상의 공통점과 차이점을 알아보고자 한다.

4. '가다'와 '走'의 대조

우선, 공통점은 다음과 같이 제시된다.

첫째, '가다'와 '走'의 의미 확장 방법으로는 모두 은유와 환유 두 가지의 방법이 있다. 앞서 살펴보듯이 '가다'의 의미 항목 ④, ⑤, ⑥, ⑦번, ⑬번, ⑯, ⑰, ⑱번에서는 행위자(상태, 금, 줄, 때 따위, 시간, 마음, 이해, 맛이나 성질 등)를 의인화하여 존재론적 은유 방법으로 '가다'의 확장 의미가 이루어진 반면 '走'의 ③, ④, ⑦, ⑧, ⑨, ⑩번 의미는 모두 은유에 의해 의미 확장이 전개되었다. 환유의 의미 확장 방법은 '가다'와 '走' 모두 확대 지칭의 환유로 적용된다. '가다'의 ②번 의미와 '走'의 ⑥번 의미는 바로 확대 지칭 환유에 의한 것이라고 볼 수 있다.

둘째, '走'의 의미 확장 양상에서도 '가다'처럼 행위자, 이동은 중요한 의미 확장의 요인이다. 행위자(Agent)가 <사람→생물→무생물>, <구체→추상>으로의 확장 양상, 이동(movement)이 <공간적인 이동→시간적인 이동→추상적인 이동>으로의 확장 양상은 '가다'와 '走'의 의미 확장의 주된 요인이라고 할 수 있다.

이어서 '가다'와 '走'가 의미 확장 양상에 나타내는 차이점을 대조한다.

첫째, 앞서 살펴본 '가다'의 기본 의미를 보면 '가다'에는 행위자(Agent), 지점(Point), 경로(Method), 이동(movement) 등의 요소가 부각된다. 특히 그 중에 도착점(Point 2)은 '가다'의 기본 의미의 배경이 된다. 하지만 '走'의 기본 의미에서는 출발점(Point 1)이 강조되고 이동(movement)과 경로(Method)가 항상 부각된 요소들이다. 이 차이점은 <그림2>와 <그림4>를 대조해 보면 쉽게 알아볼 수 있다.

66) ㄱ. 그는 중부고속도로로 부산에 갔다. (행위자, 경로, 이동, 출발점, 도착점)

ㄴ. 他騎車從家里走的. - 그는 자전거를 타고 집에서 떠나갔다. (행위자, 경로, 이동, 출발점)

둘째, '走'의 의미 확장 방법은 은유와 환유이고 또한 은유는 존재론적 은유와 방향적 은유 두 가지로 분류할 수 있는데, '走'의 ③, ④, ⑧, ⑨, ⑩번 의미는 무생물인 행위자를 의인화하여 존재론적 은유를 통해 의미의 확장을 실현했다. ⑦번 의미는 경로의 <공간→추상>, <일반성→관용성>으로의 확장을 통해 '走後門'의 의미를 나타내는데, 방향 의미를 가지는 '後'를 통해 '走後門'이 좋지 않은 의미로 보여질 수 있다는 점을 추측할 수 있다. 즉, '走'의 ⑦번 의미는 방향적 은유 양상에 의해 이루어진 것이다.

67) 你也想走後門嗎. (너도 뒷문으로 들어가고 싶냐?)

이 문장에서는 '앞-뒤'의 방향적 은유라고 볼 수 있다. 즉, '앞'은 정정당당하게 이루어지거나 진행된 일이고 '뒤'는 도덕이나 규칙에 위반하는, 남몰래 하는 일을 뜻한다.

셋째, '走'는 기본 의미의 영향으로 경로(Method)도 의미 확장의 요인이 된다. 여기에서도 '走'의 ⑦번 의미를 살펴보면 알 수 있다. 경로(Method)가 <구체→추상>으로 변화하면서 의미도 <일반성→비유성→관용성>으로 확장되었다.

68) ㄱ. 咱們走這個門出去吧. (우리 이 문을 통해 나가자.)

ㄴ. 六點以前, 自行車不能走西街. (6시 이전에 자전거는 西街로 갈 수 없다.)

ㄷ. 這道溝是走水的. (이 계곡은 물이 흐르다.)

ㄹ. 你也想走後門嗎. (너도 뒷문으로 들어가고 싶냐?)

여기서 경로가 구체적인 '門', '西街', '溝'에서 추상적인 '後門'으로 변화한다. 의미를 살펴보면 예문 ㄱ, ㄴ, ㄷ에서는 글자가 표현하는 뜻을 그대로 사용되는데 ㄹ에서는 '走後門'은 경로의 확장으로 관용어로 변화하고 '뒷거래를 하다'란 의미를 지니게 된다.

5. 결론

이 논문은 한국어의 동사 '가다'와 중국어의 동사 '去', '走'의 의미를 대조 분석하고 이들의 의미적 공통점과 차이점이 어떤 것이 있는지를 살펴보았다. 살펴본 내용을 요약하면 다음과 같다.

2장에서는 연구에 필요한 이론적 개념에 대해 살펴보았는데 우선 본 논문이 연구하고자 하는 '의미'가 무엇을 가리키는지에 대하여 알아보았다. 여기에서는 박영순(1996)과 이광호(2004)가 제시한 '의미'의 정의를 정리하고 그중에서 '용법설'을 선택하고 사용한 것이다. 2.2에서는 인지의미론에서 흔히 말하는 의미 확장이란 개념에 대해 알아보았다. 임지룡(1997)은 의미 확장에 대하여 체계적으로 소개를 하고 <사람→짐승→생물→무생물>, <구체성→추상성>, <공간→시간→추상>, <물리적→사회적→심리적>, <일반성→비유성→관용성>, <내용어→기능어>인 여섯 가지 의미 확장 양상을 제시하였다. 그리고 2.3에서는 '은유'와 '환유'의 개념도 소개하였다. 마지막 2.4에서는 외국어 교육에 비판을 많이 받던 대조 분석에 대해 재평가하고 그의 중요성과 필요성을 알아보았다.

　3, 4장은 본론인데 우선 3장에서 '가다'와 '去'를, 4장에서는 '가다'와 '走'를 대조 분석하였다. 각 장의 1소절에서는 우선 '가다'와 '去', '走'의 사전적 의미를 각각 알아본 다음 대조, 분석을 하였으며 이는 한국의 『표준국어대사전』, 『우리말 큰 사전』과 중국의 『現代漢語詞典』, 『現代漢語八百詞』를 바탕으로 하여, 각 사전에서 제시된 의미 항목을 정리한 것이다. 3.2와 4.2에서는 각각 '가다'와 '去', '가다'와 '走'의 사전적 의미를 바탕으로 그들의 기본 의미가 무엇인지를 살펴보고 그들의 기본 의미를 도식화하여 그림으로 대조하였다. 그리고 '가다'와 '去', '走'는 행위자(Agent), 지점(Point), 이동(movement), 경로(Method) 등 요소의 확장으로 기본 의미에서 벗어나 많은 다른 의미를 생성하였다. '가다'와 '去', '走'에 어떤 의미가 생성되었는지, 또한 이들의 의미 확장은 어떤 방법으로 실현되는지를 살펴보고 이들의 공통점과 차이점을 정리하였다.

　지금까지 한국어의 '가다'와 중국어의 '去', '走'의 의미 및 그들의 공통점과 차이점을 살펴보았다. 한국어의 '가다'와 중국어의 '去', '走'는 각 한·중 언어에서 가장 많이 쓰이는 가장 기초적인 이동 동사이자 다의어이다. 물론 기본적인 의미에서는 비슷하겠지만 이들이 의미 분화를 거치면서 확장된 의미는 한국어와 중국어가 서로 다르다는 것을 알 수 있다. 이 논문은 중국인이 한국어를 배울 때 어렵게 느껴질 수 있는 동사 '가다'와 '去', '走'의 의미 관계를 정확하게 파악할 수 있고 조금이나마 도움이 되기 위하여

5. 결론

한국어 '가다'와 중국어 '去', '走'의 의미를 기본적으로 대조 분석하였다.

제2부 한·중 개념적 은유 표현 대조 연구

6. 서론

6.1 연구 목적

이 논문의 목적은 한국과 중국의 개념적 은유 표현을 주요 대상으로 양 언어의 은유 표현을 대조 분석하여 개념적 은유 표현의 공통점과 차이점을 밝히는 데에 있다. 이를 통해 중국인 한국어 학습자들의 은유 표현 습득에 도움을 주고자 하며 더 나아가 개념적 은유 표현이 한·중 양국 국민들의 사고방식을 어떻게 드러내고 있는지를 살펴보고자 한다. 특히 본고는 이동과 공간을 중심으로 한 사건에 대한 개념적 은유를 다루고자 한다. 본고에서 다루는 개념적 은유 표현은 (1), (2)와 같은 언어 표현을 이른다.

(1) ㄱ. 머리가 잘 돌아가지 않는다.
    ㄴ. 시간이 정말 빨리 가네.
    ㄷ. 사랑이 넘치다.
    ㄹ. 心中充满爱意
       마음 속 충만하다 사랑

(사랑이 가득 차다)

ㅁ. 珍惜时间

소중하다 아끼다 시간

(시간을 아끼다)

(2) ㄱ. 벼랑 끝에 몰린 ○○증권

ㄴ. 경기 침체에서 벗어나다

ㄷ. 네 욕심이 나를 힘들게 해.

ㄹ. 俄土关系陷入谷底

러시아·터키 빠지다 들다 골짜기 바닥

(러시아와 터키의 관계가 매우 악화되었다.)

ㅁ. 走向和平

걷다 향하다 평화

(평화로 나아가다)

(1)은 지금까지 많이 진행된 개념적 은유의 연구 대상이다. (1ㄱ)의 표현은 [정신은 기계], (1ㄴ)은 [시간은 이동하는 물체], (1ㄷ)과 (1ㄹ)은 각각 한국어와 중국어로 [사랑은 액체 담긴 그릇], (1ㅁ)은 중국어 표현으로 [시간은 소중한 사물]이라는 개념적 은유를 통해 그 존재를 인지하게 된다. 즉 추상적인 물체들이 어떻게 은유적으로 개념화되는지를 설명하는 소위 '존재의 대연쇄 은유(The Great Chain of Being Metaphor)'의 언어 표현이다. 반면에 (2ㄱ-ㅁ)의 표현들은 [상태는 장소], [변화는 이동], [원인은 힘], [목적은 목적지]라는 개념적 은유들을 통해 구조화된다. 이처럼 사건(상태의 변화로써 사건)들이 은유적으로 어떻게 이해하는지를 기술하는 '사건'의 개념적 은유의 구현이다. 본

고에서는 (2ㄱ-ㅁ)을 연구 대상으로 다루고자 한다. (2ㄱ-ㄷ)과 같은 몇 가지 예를 보면, 한국어에 사건의 개념적 은유가 체계적으로 존재한다는 것을 알 수 있다. 한국어에서 '사건'의 개념적 은유에 대한 본격적인 논의가 부족하지만 일상회화나 신문 기사를 통해 모두 그 존재를 확인할 수 있다. 사건 개념적 은유의 주요 주장은 '상태, 변화, 원인, 행동, 목적, 수단과 같은 사건의 여러 가지 양상들은 위치, 힘, 운동과 같은 물리적 개념을 통해 이해할 수 있다'는 것이다.

은유(metaphor)는 모든 언어에서 보편적으로 사용되고 있어 언어학에서도 활발히 연구되어 왔다. 1970년대 인지과학 및 인지언어학의 발전에 따라, 은유는 문학이나 수사학의 연구 대상으로만 제한되지 않고 언어학 연구 주제로도 주목을 받기 시작하였다(Saeed 2003:345). 그 이유는 은유가 인지 방법과 관련되어 언어와 사유, 나아가 언어와 문화의 관계를 밝히는 기제로서 작용한다는 논의들이 나타나기 시작했기 때문이다.

1980년 Lakoff&Johnson의 책『Metaphor we live by (삶으로서의 은유)』가 발표되면서 개념적 은유 이론(The Theory of Conceptual Metaphor)이란 새로운 이론이 대두되었고 은유에 관한 연구도 새로운 논의의 장이 열리게 되었다. Lakoff&Johnson(1980:3)은 우리가 생각하고 행동하는 데 있어 일상적인 개념 체계는 그 본질이 근본적으로 은유적이라고 밝혔고, Saeed(2003:347)는 은유는 일상어 어디에나 존재하며, 모든 언어가 기본적으로 은유적이라고 논의한 바 있다. 인지언어학에서는 이렇게 일상어에서 은유 현상을 분석하고 그 현상의 원인을 신체의 경험이나 물리적인 환경에 기반을 하여 연구한다.[29] 은유는 더 이상 단순히 언어학적 과제로만 연구되는 것이 아니라 인지 방법과 관련시켜 언어와 사유, 나아가 언어와 문화의 관계를 밝히는 중요한 과제로 발전되었다. 그 이후부터 Lakoff를 비롯한 여러 학자들이 개념적 은유를 끊임없이 발전시켰으며 1990년대[30] 사건 구조 은유(Event Structure Metaphor)란 새로운 개념을 도입하였다[31].

21세기 초기 현대 은유 이론(The Contemporary Theory of Metaphor)이 동양에 소개된 이후, 은유는 언어학 연구의 주요 연구 주제가 되면서 관련 논의도 많이 늘어났다. 대부분의 논의는 사물의 개념적 은유를 중심으로 이루어져 있다. 사건의 개념적 은유는 현대 은유 체계에서 아주 중요한 부분[32]이지만 구조가

---

[29] Metaphors allow us to understand one domain of experience in terms of another. To serve this function, there must be some grounding, some concepts that are completely understood via metaphor to serve as source domains. (Lakoff& Turner 1989:135) 참조

[30] Lakoff(1990, 1993), Lakoff&Johnson(1999) 등 인지언어학 문헌 참고.

[31] Lakoff는 1993년에 발표한 논문 "The Contemporary Theory of Metaphor"에서 'The Event Structure Metaphor'란 개념을 소개했으며 은유와 은유 표현의 차이를 강조하였다. 은유(metaphor)는 개념 체계에서 근원영역과 목표영역의 사상이고 은유 표현(metaphorical expression)은 하나의 언어 표현, 즉 근원영역과 목표영역 사상의 외부 실현 형식이라고 주장을 내세웠다.

[32] Kövecses(2002:216)에서 '개념적 은유는 독립적으로 존재하지 않고 서로 의존하면서 보다 큰 은유 체계를 구성하고 있다'고 주장한다. 또한 '사건 구조 은유(The Event Structure Metaphor)와 존재의 대연쇄 은유(The Great Chain of Being Metaphor)가 이처럼 개념적 은유들로 구성된 상위 은유 체계다. 존재의 대연쇄 은유는 세상에 있는 물체나 물건들이 어떻게 은유적으로 개념화되는지 설명한다. 반면에 사건 구조 은유 체계 사건(상태의 변화로써 사건)들이 은유적으로 어떻게 이해하는지

복잡[33]해서 아직까지 많이 연구되지는 못하였다. 지금까지 한·중 두 언어의 은유 연구를 살펴보면, 한국어에서 은유에 대한 기존 연구는 주로 어휘, 특히 '다의어'를 중심으로 이루어져 있다. 중국어에서는 개념적 은유에 대한 논의가 한국어보다 좀 더 이루어져 있는 편이지만 영어의 개념적 은유를 중심으로 한 논의[34]가 대부분이다. 이런 점에서 한국어와 중국어에서 개념적 은유에 대한 체계적이고 본격적인 연구는 아직 초기 단계라고 할 수 있다.

한국어와 중국어의 개념적 은유에 대한 연구는 이론적 측면과 실용적 측면에서 모두 필요하다. 이론적 측면에서는, 개념적 은유에 대한 연구를 통해 인간이 세계를 이해하는 주요 수단인 은유의 체계를 더욱 더 잘 이해할 수 있으며, 은유의 보편성과 다양성을 체계적으로 설명할 수 있다는 점 때문이다. 또한 실용적 측면에서는, 다문화 교류 및 제2언어 습득에서도 개념적 은유 연구가 적극적으로 활용될 수 있다는 측면을 들 수 있다.[35] 실제적인 면에서 이 연구에서는 3개월 동안 신문 기사에서 수집한 살아 있는 은유 표현의 예를 언어 학습자들에게 보여줄 수 있다. 이는 한국어와 중국어 개념적 은유 표현의 실제 자료에 대한 연구가 아직 잘 되어 있지 않다는 점에서 의미가 있다고 본다. 이런 필요성

기술한다'고 한다. 다시 정리하자면, 사건 구조 은유는 두 가지 상위 은유 체계 중의 하나(ESM as one of Two Larger Metaphor Systems)이다.

33 Lakoff&Johnson(1999:179): "This(The Event Structure Metaphor) is a single, complex mapping with a number sub-mappings". "사건 구조 은유는 여러 하위 사상으로 구성된 단일하면서도 복잡한 사상을 가지고 있는 은유 복합체이다."

34 Yu(1998), 彭昌柳(2006), 李一李(2011).

35 陈璐露(2002), Kissell(2007) 등 관련 연구 참고.

때문에 한국어와 중국어의 개념적 은유의 구체적이고 체계적인 연구가 필요하다고 할 수 있다.

6.2 선행 연구 검토

언어학에서 은유와 관련된 연구는 최근 활발히 진행되고 있다. 임지룡(1997)에서 은유와 관련된 이론적 논의를 본격적으로 한국에 소개한 이래 은유 연구의 다양한 성과가 발표되기 시작하였다. 그러나 발표된 대부분의 연구가 물체나 물건의 개념적 은유에 관한 것이고, 이동과 같은 사건의 개념적 은유에 대한 체계적인 연구는 아직 초기 단계에 있다. Lakoff&Johnson(1980)은 개념적 은유를 구조적 은유, 존재론적 은유, 지향적 은유 등으로 분류하며 언어학에서의 은유 연구에 대한 체계를 정립했다. 특히 물건이나 사물의 은유가 아닌 이동이나 감정 등도 은유 체계를 이루고 있다고 밝혀 언어학에서의 은유 연구의 지평을 넓혔다는 평가를 받고 있다. 또 Kövecses(2002)는 사건의 개념적 은유는 개별적인 개념 은유들이 함께 어울려 구성한 더 큰 체계적 집단(즉, 은유 체계)이라고 밝힌 바 있다.

이 절에서는 우선 연구 성과가 많은 물체나 물건의 개념적 은유를 중심으로 한 연구(특히 한국어와 중국어의 은유 표현 대조 연구 분야를 중심으로)를 먼저 살펴보고자 한다. 그리고 최근 논의되고 있는 이동 혹은 공간을 중심으로 한 사건의 개념적 은유를 중심으로 한 연구를 살펴보도록 하겠다.

한국어 개념적 은유 관련 연구[36]를 살펴보면, 개념적 은유에 대한 이론적인 접근에는 박정운(2001), 박영순(2006), 임지룡(2006), 김동환(2009), 김진해(2010) 등의 연구가 있으며, 구체적인 은유 표현을 대상으로 삼은 논문으로는 임지룡(2000, 2001a, 2001b, 2001c, 2002, 2005a, 2005b), 吉本一(2006), 양태영(2006) 등을 들 수 있다.

박정운(2001)에서는 개념적 은유 이론의 탐구에서 밝혀진 개념적 은유의 특성들을 한국어의 예를 통해 살펴보았다. [인생은 여행]이라는 개념적 은유의 구체적인 분석을 통해서 은유는 목표영역과 근원영역간의 사상(寫像, mapping)을 보여주고 있으며 사상의 비대칭성과 부분성 또 그에 따른 은유의 부각과 은폐 기능에 대해 논의하였다. 또한 앞서 논의된 개념적 은유의 종류에 대해 논의하고, 은유의 내적 일관성 문제를 한국어의 시간 은유를 통해 살펴보기도 하였다. 개념적 은유 이론의 중요한 개념을 소개하고 한국어 자료를 통해 그러한 개념을 설명하고 있다.

또 다른 이론적인 연구인 박영순(2006)에서는 한국어 국어사용에서 나타나는 각종 은유 표현에 대한 기존 성과를 대입론, 비교론, 상호작용론, 구조주의 이론, 현대 은유 연구인 다섯 가지로 나누어서 살펴보았으며 은유의 올바른 의미 해석을 위한 방법론을 순수언어학, 화용론, 인지론, 사회언어학적인 네 가지 방법으로 모색해 보았다는 점에서 의의가 있다.

---

36 은유에 대한 논의는 철학, 문학, 수사학, 언어학 등 여러 학문 분야에서 많이 이루어져 왔다. 이 논문은 인지 언어학적 관점에서 한국어의 사건 구조 은유에 대해 논의하고자 하는 것이므로 선행연구에서는 국어학(한국어학) 개념적 은유에 관한 논의를 중심으로 살펴볼 것이다.

개념적 은유의 기본 개념, 유형, 작용 원리를 논의한 임지룡(2006)에서는 개념적 은유 이론에서 인간의 사고나 개념 자체가 본질상으로 은유적이라고 본다고 강조하며 개념적 구조의 충실성 정도에 따른 분류 및 순서 매김을 시도하였다. 또한 개념적 은유 이론이 은유의 사용동기, 추론 및 의미 확장의 도구, 경험적 상관성에 대한 높은 설명력을 인정하는 동시에 개념적 은유의 지나친 강조, 유형화, 개념적 기초와 방법론적 측면, 나아가 개념 영역 간의 사상으로 설명될 수 없는 한계를 지니고 있다는 것을 밝히고 있다.

김동환(2009)에서는 Lakoff&Johnson(1980)에서 발전시킨 개념적 은유 이론에 근거해서 문화 간 은유적 공통성이 아니라 차이점에 초점을 두어 논의하였다. 문화가 개입하는 순간 은유의 차이가 부각될 것이라고 주장하며 일반적인 의미에서 일군의 사람들이 동일한 언어를 사용하면서 생활하고 살아가는 주어진 언어 공동체로 정의하고, 그 속에서 사용되는 은유의 차이를 '문화 간 근원영역의 차이', '문화 간 목표영역의 차이', '문화 간 부각의 차이'인 세 가지 양상에 입각해서 밝혀냈다. 은유의 다양성을 설명하는 데에 의미가 있다고 본다.

시간 은유를 중심으로 개념적 은유와 문법 범주의 관계를 논의한 김진해(2010)에서는 기존 개념적 은유의 연구 성과인 은유의 보편적 이론을 세 가지 각도에서 반박을 하고 있다. 첫째, 개념적 은유가 문법 범주(또는 문장 구조)와 연결시켜서 설명되어야 한다는 것을 주장하였다. 둘째, 언어 자료, 특히 역사 자료를 통해 볼 때 이동하는 대상이나 자아로서의 시간 은유는 언어 보편성을 갖지 못하였다. 셋째, 시간, 더 나아가서 추상적 대상은 은유만으로는 아니고 非은유적 방식으로도 인식 가능하다고 문제를 제기하였다. 서구 이론이 무조건 '한국어에 적용된다'는 선입견을 버려야 한다는 주장이 흥미롭다.

한국어의 감정 및 시간 은유에 대한 일련의 논의인 임지룡(2000, 2001a, 2001b, 2001c, 2002, 2005a, 2005b)에서는 한국인은 추상적인 시간 및 감정 [화], [긴장], [두려움], [기쁨], [슬픔], [사랑], [부끄러움] 등을 체험을 통해 이해한다고 하면서 체험 주의(experientialism)[37]의 관점에서 논의하였다. 시간 및 목표 감정을 환유와 은유의 관점에서 분석하여 한국인 화자들이 시간과 감정을 어떤 물건으로 인식하고 개념화 하는지 자세히 논의하고 있지만, 이 은유들이 어떻게 확장되고 표현되는지 은유들 사이의 관계에 대한 설명은 부족한 편이다.

[젊음]을 연구 대상으로 한 양태영(2006)에서는 한국인 사용자가 시기이며 상태를 나타내는 [젊음]을 or [젊음]이라는 대상을 어떻게 인지하고 개념화하는지 존재론적 은유, 지향적 은유, 구조적 은유의 세 가지 관점에서 살펴보았다. 이를 통하여 한국어 사용자가 존재론적인 은유 관점에서는 [젊음]을 [불], [힘], [재산], [연료]와 같은 [물질]로, 지향적 은유의 관점에서는 [위]와 [앞]의 공간으로, 구조적 은유에서는 [젊음은 자원]의 구조로 인지하고 있다는 결론을 내렸다. 이처럼 [젊음]의 여러 은유들 사이의 관계를 구조화하여 설명하였다는 점에서 의의가 있다.

---

37 인지의미론에서는 자신들의 입장을 체험주의라고 부른다.

吉本一(2006)에서는 한국어의 '시선'과 관련된 실제 용례를 모아서 분류하여 인지언어학적인 관점에서 분석하였고 다음과 같은 다섯 가지 결과를 도출하였다. 첫째, '시선'은 '시좌'와 '주시점'을 연결하는 선이다. 둘째, '시선'은 [힘], [온도], [딱딱함], [날카로움] 등 여러 가지 성질을 가지는 것으로 은유화된다. 셋째, '시선'은 [시좌에서 주시점으로의 이동체]이다. 넷째, '시선'은 [어떤 주시점에서 다른 주시점으로의 이동체]이기도 하다. 마지막으로 여러 개의 '시선'이 다양한 작용을 이룬다는 것을 알았다.

중국어에서 은유에 대한 연구는 林書武(1995)를 시작으로 언어학의 범주에서 종종 진행되어 왔다.[38] 이러한 연구[39]는 크게 두 가지로 나눠볼 수 있다. 하나는 인지언어학 관점에서 현대 은유 이론에 대한 기초적인 소개 연구인데 대표적인 것으로 束定芳(2000)의 『隱喩學硏究』와 藍純(2005)의 『認知語言學與隱喩硏究』가 있다. 다른 하나는 은유에 대한 다각적인 시선에 관한 연구로 馮曉虎(2004)의 『隱喩-思維的基礎 篇章的框架』, 王文斌(2007)의 『隱喩的認知構建與解讀』, 그리고 劉宇紅(2011)의 『隱喩的多視角硏究』가 대표적인 것이다. 馮曉虎(2004)에서 개념적 은유 이론을 텍스트 분석에 적용하여 개념적 은유가 텍스트의 일관성을 실현하는 데 중요한 역할을 하고 있음을 논의하였다. 어휘가 아닌 텍스트의 관점에서 은유를 연구한 점이 의미가 있다고 본다. 王文斌(2007)은 인지적으로 접근하여 은유의 형성

---

38 束定芳(2000:8) 참고.

39 여기서 저서를 중심으로 기존 이론 연구를 살펴본다.

기제 및 원칙에 대해 살펴보았다. 구체적인 언어 자료 분석 대신에 은유와 인지의 관계를 중심으로 논의를 전개한 점이 흥미롭다. 劉宇紅(2011)에서는 먼저 이론적으로 은유의 본질, 은유의 수학적 분석, 비언어적 은유 연구, 은유의 비대칭성을 논의한 다음, 실제 언어 자료를 통해 현대 중국어의 은유 양상을 구체적으로 살펴보았다.

한국어와 중국어의 개념적 은유 표현 대조 연구는 '기쁨', '화', '슬픔', '사랑' 등 감정과 관련된 연구, 시간·공간 은유에 관한 연구, 어휘소에 관한 연구 등으로 세분된다. 한·중 감정 은유 대조에 관한 논문은 閻蕾(2009), 이선희(2009, 2010a, 2010b, 2011a, 2011b), 윤석훈(2012) 등 다수가 있고 시간·공간 은유에 대한 논문은 정현애(2013), 악호염(2013), 연승하(2013) 등이 있다. 어휘소 '마음'과 관련된 논문은 췌이펑훼이(2012), 동월(2013)을 들 수 있다.

閻蕾(2009)는 감정을 '기쁨', '슬픔', '분노', '두려움' 네 가지로 나누어 한·중 감정 은유의 양상을 대비하였는데 양국 모두 동일한 감정을 나타내는 은유적 양상에 공통점과 차이점이 존재함을 보였다. 이 연구는 은유 양상을 구체적으로 대조하였다는 데에 의미가 있으나 은유의 심층적인 원인을 분석하지 못했다는 점에서 한계가 있다. 이선희(2009-2011)에서는 한국어와 중국어의 '화', '기쁨', '애정'의 개념적 은유를 대조 분석하였고 다양한 예를 중심으로 일상생활에서 흔히 관찰할 수 있는 은유 양상들을 근원영역별로 살펴보았다는 점에서 의의가 있다.

윤석훈(2012)은 인지언어학의 관점에서 한, 중 두 나라의 '사랑' 은유 표현의 양상을 살펴보고 한·중 '사랑' 은유 표현에 공통적인 근원영역을 13가지로 세분했다는 점에서 흥미롭다.

정현애(2013)에서는 '앞', '뒤'가 공간과 시간 개념을 나타내는 점에 주목하여, 이를 인지적 측면에서 대조 분석하고 두 언어 사용자들의 공간 인식과 시간 인식의 공통점과 차이점을 확인하였다. 시간을 공간 은유 이론을 바탕으로 대조 분석을 진행하였다는 점이 흥미롭다. 악호염(2013)은 '위, 아래, 앞, 뒤, 안, 밖, 왼~, 오른~'등 한·중 공간 개념어를 분류하여 대조하였으며 중국인 한국어 학습자를 위한 긍정적 전이와 부정적 전이에 대해 분석하였다. 그러나 한국과 중국의 사회 심리, 문화로 인해 발생되는 공통점이나 차이점에 대한 원인을 구체적으로 다루지 못했다는 점이 아쉽다. 연승하(2013)에서는 중국어 '上, 下'에 대한 은유 의미 분석을 하면서 이동 동사로서의 '上, 下'가 공간 이동에서 객관적 이동, 공간 은유에서는 주관적 이동을 나타낸다고 논의하였다. 上과 下를 방위사[40]나 보어의 관점에서만 다루지 않고 동사로 의미를 분석했다.

췌이펑훼이(2012)는 한국어와 중국어에서 나타난 '마음'의 공간 은유 구조를 살펴보았으며, 동월(2013)은 한국어 '마음'과 중국어 '心'의 개념적 은유 구조를 존재론적 은유(실체은유)와 지향적 은유(공간은유) 두 부분으로 대조 분석하였다.

사건의 개념적 은유에 대한 연구는 주로 사건 구조 체계의 증명에 대한 연구와 신문 표현에서 추출한 개념적 은유 표현에 대한 연구로 분류된다.

---

40 方位词, 중국어에서 방향을 나타내는 명사를 통틀어 '方位词'라고 부른다.

전자의 연구는 중국어 사건의 개념적 은유의 하위 사상(sub-mapping) 및 영상 도식(image schema) 구조화를 시도한 Yu(1998)를 들 수 있다. Yu의 연구는 중국어의 입장에서의 현대 은유 이론을 소개하는 데 목적을 두고 있어 사건의 개념적 은유의 하위 체계를 구체적으로 살펴보지 못한 점에서 한계가 있다. 그 외에, Kövecses(2005)에서 은유의 보편성과 다양성을 논의하면서 '언어적 증거에 따르면, 헝가리어에서도 사건 구조의 모든 구성적 하위사상을 발견할 수 있다'고 간단하게 언급하기도 하였다.

후자의 연구는 중국어와 영어 경제 기사를 비교한 彭昌柳(2006), 아랍어와 영어 기사를 연구 대상으로 한 Aldokhavel(2009), 증권 거래 분석과 관련된 기사를 분석한 李一李(2011) 등을 들 수 있다.

彭昌柳(2006)는 중국어와 영어 경제 기사에서의 은유 표현을 대상으로 두 언어의 사건 개념적 은유의 실현 양상을 분석하였으나 깊이 있게 연구를 진행하지 못하고 어휘 실현 양상의 양적인 통계 대비에만 그친다는 점이 아쉽다.

Aldokhavel(2009)에서 아랍어 신문 기사 자료를 정리, 분석하고 아랍어에서도 사건 개념적 은유의 모든 구성적 하위 사상을 발견할 수 있다고 주장하였다. 대조언어학적인 방법으로 아랍어와 영어의 사건 개념적 은유에 대해 대조 분석을 하였으며 간단한 하위 개념 은유 분류도 시도해 봤다.

李一李(2011)는 증권 거래 분석과 관련된 기사를 대상으로 삼아 중국어와 영어 사건 개념적 은유 표현을 대조 연구하였고 언어와 사유의 관계를 밝히는 노력을 하였 다. 논의하면서 사건 구조 은유의 하위 사상에 관한 영상도식을 다양하게 그려봤다. 언어와 사유의 관계를 깊이 있게 논하지 못하였으나 은유 표현의 문화적 특징을 살펴보는 데 좋은 실마리를 제공해 주었다.

그 외에도 袁紅梅(2013)에서는 중국어와 영어의 감정 개념에 잠재하는 사건의 개념적 은유를 살펴보고 감정 영역에서 사건 개념적 은유의 보편적인 존재를 입증하였다.

위에서 살펴보았듯이, 근본적으로 어족이 다른 언어이지만 영어, 중국어, 아랍어에는 이동을 기반으로 한 사건의 개념적 은유가 공통적으로 존재하고 있다[41]. 이는 사건의 개념적 은유가 세계의 많은 언어들에 존재하며, 모든 곳에서 독립적으로 발달했음을 뜻한다(Kövecses 2005:93).

한국에서는 사물과 감정 등의 개념적 은유 연구가 주로 발달해 있지만, 최근 이동 사건 등을 중심으로 한 은유 연구도 논의되고 있다. 즉 본고에서 다루고자 하는 개념적 은유의 주요 대상인 이동 사건에 대한 본격적인 연구는 시작되지 않았다고 할 수 있다.

---

41 Kövecses(2005:86-93)에서는 Yu(1998)의 연구를 근거로 하여 사건 구조 은유에 있어 영어와 중국어가 '꽤 주목할 만한 일치'를 보여주고 있다고 논의하였다. '사건 구조 은유가 처음에 영어에서 '발명되었다가' 어쨌든 중국어로 '전해진' 것 같지는 않다. 사건 구조 은유는 사건의 다양한 양상에 대해 이야기할 필요가 있었던 같은 어족이 아닌 세계의 많은 언어들에서 서로 독립적으로 발전한 것처럼 보인다. 영어나 중국어와 같은 어족이 아닌 헝가리어도 이런 주장을 뒷받침한다. 언어적 증거에 따르면, 헝가리어에서도 사건 구조의 모든 구성적 하위사상을 발견할 수 있다. 이 모두는 사건 구조 은유가 아마 전 세계에 존재하며, 모든 곳에서 독립적으 로 발달했음에 틀림없다는 것을 암시한다고 주장하고 있다.

6.3 연구 대상과 방법

아직까지 한국어 사건의 개념적 은유에 대한 연구가 미진한 상태에서 사건의 개념, 이론 체계 그리고 특성을 논의하는 것이 중요한 과제라고 할 수 있다. 이 논문에서는 한국어 사건의 개념적 은유를 전체적으로 살펴보고 중국어와 대조하여 양언어 간의 공통점과 차이점을 알아보고자 한다.

본고는 (3)과 같은 은유 표현을 연구 대상으로 삼는다.

(3) ㄱ. 경기가 나빠 벼랑 끝에 서 있는 사람이 많다.
　　ㄴ. 결과 분석에 들어간다.
　　ㄷ. 코치가 팀을 우승으로 이끌었다.
　　ㄹ. '열린 대학'에 더 가까이 다가선다.

예(3ㄱ)에서 '벼랑 끝'이란 구체적인 위치로 사람들의 '매우 어려운 경제 상황'을 나타내며 (3ㄴ)에서는 이동을 뜻하는 동사 '들어가다'를 사용해서 어떤 일이 결과 분석이라는 새로운 단계로 진행되었음을 의미한다. (3ㄷ)은 원인의 역할을 맡은 '코치'가 팀의 우승을 가져오는 힘으로 인식되고 있으며 (3ㄹ)은 어디를 향해 이동한다는 표현으로 열린 대학이란 목표를 이루어 가고 있음을 나타낸다. (3ㄱ)-(3ㄹ)에서 보는 것처럼 상태, 변화, 원인, 목적과 같은 사건의 여러 가지 양상들이 위치, 이동, 힘과 같은 물리적 개념을 통해 이해되며 인식된다. 즉 이른바 사건의 개념적 은유 표현이다.

본고의 연구 방법은 다음과 같다.

첫째, 문헌을 통해 한국어와 중국어의 은유 표현 양상이 어떻게 드러나는지 살펴 보았다.

둘째, 실제 언어 사용에서 드러나는 사건의 개념적 은유를 찾기 위해 신문 기사에서 자료를 수집하였다. 자료 수집은 2013년 6월1일부터 8월31일까지 3개월 동안 한국과 중국의 일간지 4개를 선정하여 진행하였다. 신문 기사를 연구 자료로 삼은 것은 신문 기사에 은유가 많이 사용되고 있고, 신문 기사가 우리의 실생활과 직접적인 관련이 있기 때문이다. 한국 신문으로는 조선일보(이하 J) 및 경향신문(이하 K)을, 중국 신문으로는 人民日報(이하 R) 및 光明日報(이하 G)를 선정하였다. J와 R은 각각 한국과 중국 양국에서 가장 영향력 있고 발행 부수가 많은 신문이기 때문에 선정하였다.[42] 그리고 K와 G는 진보적인 입장을 표하고 있어 J와 R의 보수적인 논지와 다른 표현을 볼 수 있기 때문에, 즉 보수와 진보의 다양한 표현을 수집해 일방향적인 은유 표현이 나타나지 않도록 하였다. 그 결과 한국어 1039개, 중국어 2214개의 은유 표현이 수집되었다.

셋째, 사건의 개념적 은유에 맞게 수집된 표현을 정렬하여 중복 표현을 삭제한 후 한국어 90개, 중국어 100개를 최종 선정하

---

[42] 조선일보는 한국 일간지 중 대표적인 보수 신문이고, 경향신문은 중도를 표방하는 신문이다. 그러나 조선일보에 비해 비교적 진보적이고, 발행부수를 고려해 경향을 선정했다. 人民日報는 중국 공산당 당내 기관지이며 정치가 강하고 비교적 보수적인 성격을 띠고 있다. 그리고 光明日報는 비교적 진보적인 신문으로 평가받고 있다. 신문 부수를 공식 조사·발표하는 한국ABC협회의 조사 결과에 따르면, 2014년도 조선일보는 발행 부수 167만 3000부로 1위를 차지하였다. 중국 신문의 경우, 중국 공산당 당내 기관지로 인민일보는 매년 280만의 발행 부수를 기록하고 있다.

였다. 선정된 표현을 개념적 은유 이론의 구조적 은유, 존재론적 은유, 지향적 은유인 세 가지로 분류하였다.

넷째, 해당 은유 표현 중의 동사나 형용사의 사전적 의미를 살펴볼 것이다. 사전의 기본 의미와 추상적 의미의 관계를 정리하여 의미의 사상 관계를 파악하고자 한다. 또 이를 바탕으로 관련 하위 은유가 어떤 은유 표현으로 구현되는지를 논의하고 관련 은유의 하위 구조를 분석할 것이다. 마지막으로 사전과 신문 기사에 나타난 한국어와 중국어 관련 은유 표현 외에도 한국과 중국의 말뭉치[43]에서 대응 표현 존재 여부를 확인하고 인지적 대조언어학의 방법론[44]으로 양 언어 은유 표현의 공통점과 차이점을 밝힌다.

본고에서는 다음과 같은 순서로 논의를 진행하고자 한다.

7장에서는 개념적 은유 표현 대조 연구의 이론적 배경으로 구조적 은유, 존재론적 은유, 지향적 은유를 비롯한 개념적 은유 이론을 간단하게 소개한 다음, 기존의 사물 개념적 은유와 구별되는 사건의 개념적 은유에 대해 알아볼 것이다. 그리고 본고에서 시도할 개념적 은유 표현의 영상도식 및 논술에 크게 연관되어

---

[43] 한국어는 고려대학교 민족문화연구원 말뭉치(http://db.koreanstudies.re.kr)를, 중국어는 베이징대학교 中國語言學研究中心 말뭉치(http://ccl.pku.edu.cn)를 검토하였다.

[44] 김미형(2009)에 따르면, 인지적 대조언어학을 일반대조언어학과 비교하면 다음과 같은 특성을 보인다. '응용적 관점에서 분석한 대조언어학이 주로 언어 양상에 대한 기술적인 비교, 대조였다면, 인지적 관점에서 분석 하려고 하는 대조언어학은 언어 양상에 대한 설명적인 비교, 대조라고 할 수 있다. 하나의 양상에 대한 기술은 그 사실이 어떠하다는 데에 대한 것을 드러내는 데서 그치지만, 설명은 그 어떠한 사실이 왜 그렇게 형성되었으며 인지적 상관성이 무엇인지에 대해서 규명하기 때문이다.'

있는 체험주의에 대해 알아보고자 한다. 영어와 중국어에서 어느 정도 논의되어 있는 반면, 한국에서는 사건의 개념적 은유에 대한 체계적인 논의가 본격적으로 이루어지지 않았다. 영어 원서 번역본에서는 '사건 구조 은유'라는 용어를 그대로 직역하고 있을 뿐, 이에 대한 기본적인 이론적 성과는 미미한 실정이다. 따라서 한국어 사건의 개념적 은유를 논의하기에 앞서 사건에 대한 이론적 정리를 먼저 하고자 한다. 그 다음으로 '사건', 또한 '사건 구조'란 개념이 무엇인지를 알아본 다음, 구조적 은유를 논의하면서 사건의 구조적 은유에 어떤 면이 포함되어 있는지를 살펴보고자 한다. 이러한 이론적 접근을 통해 기존의 사물 개념적 은유 연구와 차별화된 사건의 개념적 은유의 연구가 필요하다는 점을 또 다시 한번 확인하고자 한다.

본론인 8장, 9장과 10장에서는 7장에서 논의한 이론에 입각하여 3개월동안 신문에서 추출한 은유 표현을 수집, 정리한 후, 크게 구조적 은유 표현, 존재론적 은유 표현, 지향적 은유 표현인 세 유형으로 나눠서 살펴보고자 한다. 구조적 은유에서는 [변화], [원인], [행동], [목적], [수단] 등으로, 존재론적 은유에서는 [속성], [변화], [목적], [어려움] 등으로, 지향적 은유에서는 [상태]로 세분화해서 한국어와 중국어를 대조 분석을 할 것이다. 또한 각 은유의 하위 사상(sub-mapping) 및 영상 도식(image schema)에 대한 논의를 시도하도록 하겠다. 이러한 분석 결과에 기대어 한국어와 중국어 개념적 은유 표현의 이동점을 밝히려고 한다.

11장은 결론 부분으로 앞서 일련의 논의를 통해 얻게 되는 한국어 사건 개념적 은유의 체계적인 연구 결과를 다시 정리해 보고자 한다. 그리고 한국어와 중국어 언어의 공통점과 차이점, 나아가 한국과 중국 양국의 언어문화의 이동점이 나타나는 원인을 살펴보면서 마무리를 짓고자 한다.

7. 개념적 은유 표현의 이론적 배경

  이 장에서는 본 논문의 이론적 배경에 대하여 살펴보고자 한다. 개념적 은유는 크게 은유의 본질, 인지 기능, 일반성 등의 기준에 따라 다양하게 구분된다. 따라서 인지언어학자들마다 그 층위의 포함 관계가 다양하게 나타난다.[45] 본고에서는 이러한 층위 기준 중 인지 기능에 따라 개념적 은유를 분류하고자 한다. 이러한 기준에 따르면 개념적 은유는 구조적 은유(structural metaphor), 지향적 은유(orientational metaphor), 존재론적 은

---

45 인지언어학자에 따라 은유의 층위를 다르게 나누기도 하는데 예를 들면, Kövecses(2002:216-217)에서 개념적 은유들로 구성된 두 가지 큰 은유 체계가 있다고 제안하면서 '이 두 체계는 [존재의 대연쇄] 은유와 [사건 구조] 은유'라고 제시하고 있다. 또한 Kövecses(2002)는 두 가지의 큰 은유 체계에 대해 설명하였는데 이들 설명을 간단히 도시해 보면 아래와 같다.

인지 문법		은유	
개념적 개체	문법 범주	개념적 체계	은유 체계
물건	명사	사물	존재의 대연쇄 은유
관계	동사, 형용사, 전치사, 접속사	사건	사건 구조 은유

또 지향적 은유, 존재론적 은유, 구조적 은유로 구성된 사건구조 은유에 대한 논의도 있다(Turner 2008:13-32).

유(ontological metaphor)로 구분된다(Lakoff&Johnson, 1980: 3-21).

　은유가 개념적 문제로 연구된 것은 Lakoff&Johnson(1980)을 비롯한 많은 학자들에 의해 이루어졌다. Lakoff&Johnson(1980)은 우리의 개념 체계의 많은 부분이 근본적으로 은유적이며 이 은유적 개념이 일상 언어로 표현되고 이것은 우리의 지각 방식, 사고 방식, 이야기 방식, 그리고 일상적인 행위를 부분적으로 조직화한다고 하였다. 이 논문에서는 현대 은유 이론의 주요 이론인 개념적 은유 이론을 중심으로 살펴보기로 하겠다.

　레이코프와 존슨의 주요 주장 중의 하나가 우리는 신체적 경험을 통해 사물, 관계, 세계를 인지하게 된다는 것이다. 그렇다면 체험주의에 대해서도 알아볼 필요가 있다. 체험주의[46]는 객관주의[47]와 주관주의[48] 사이의 중간쯤에 머무르는 새로운 제안으로 Lakoff(1987)와 그의 동료들(Lakoff&Johnson 1980, 1999, Lakoff&Tunner 1989)에 의해 제기되었다. 체험주의 설명은 의미의 신체화된 본질을 강조한다. 체험 철학과 인지언어학의 입장

---

[46] 체험주의에 관한 논의 부분은 Lakoff(1987), Peña(2003), 蓝纯(2005), Kövecses(2006), 노양진(2007)에서 설명하고 있는 체험주의에 대한 내용을 주로 참고하여 정리했다.

[47] 객관주의자들은 의미가 인간 및 인간이 경험을 개념화하는 방법과 독립적이라는 것을 당연하게 여긴다. 개념과 이성은 그들 자체의 존재와 독립적으로 존재한다며 사고는 인간의 신체, 인간의 지각체계, 인간의 신경체계의 제약을 받지 않는다는 의미에서 본질적으로 추상적이고 신체화되어 있지 않다고 주장한다. (Lakoff 1987:173)

[48] 주관주의는 오랫동안 객관주의에 대한 유일한 대안으로 여겨져 왔다. 언어에 적용될 때, 의미는 사적이며, 의미와 문맥 모두 구조를 가지고 있지 않으며, 의미는 자연스럽게나 적절하게 표상될 수 없다고 주장된다. 주관주의는 종교 및 예술의 영역에 관한 것이다. (Lakoff&Johnson 1980:188-189)

에 따르면, 범주, 개념은 모두 신체화로부터 도출되며 이들의 형성은 몸, 공간, 힘, 운동 등에 대한 인식에서 비롯된다. 인지체험 이론은 인지언어학의 철학적인 기초로 주관 및 객관적 견해가 결합된 체험 현실주의, 즉 체험주의이다. 체험주의의 견해에 따르면, 인간의 사유는 언어보다 훨씬 일찍 형성되며 경험, 일반 지식, 특유 문화 등을 통해 사람들이 은유를 이해하게 된다.

다양한 문화들은 모두 현재와 같은 몸을 가진 인간의 산물로서 종적(種的) 공공성을 공유하지만 그 확장 과정은 매우 복합적인 요소들에 의해 다양한 변이를 드러낸다. 그 모든 문화적 변이들이 우리와 유사한 몸을 가진 인간의 산물이라는 점에서 공유된 자연적 조건에 의해 강하게 제약되고 있다고 말할 수 있다. 바꾸어 말하면 다양한 문화들은 자연적 층위로 갈수록 증가하는 공공성을 드러내며, 기호적 층위로 갈수록 더 큰 변이를 보일 것이다. 언어가 바로 이러한 기호적 층위로 간주될 수 있다. (노양진 2007:51)

따라서 언어의 본질은 다음과 같은 몇 가지로 요약할 수 있다. 언어는 마음의 다양한 인지 능력의 용법과 동일한 원리에 기초해서 작용한다. 범주화, 틀부여 지식, 전경－배경 조직 등의 인지 과정은 마음의 여러 양상뿐만 아니라 언어에서도 중요하다. 게다가 언어의 핵심 부분은 형태가 아니라 의미와 개념화이다. 언어는 의미 표현의 기능을 맡는다. 언어와 사고에 대한 연구에서 의미는 형태보다 더 중요하다. 문법은 개념화의 목적을 충족시킨다. 사실상 문법은 개념화로 간주된다. (Kövecses 2006:31－37)

인지언어학에서 의미는 신체화로부터 도출된다고 본다. 따라서 사고와 의미는 신체화된다. '신체화된 경험(embodied experience)'에 대한 체험주의적 해명을 따르면 우리의 경험은 신체적·물리적 층위의 경험과 정신적·추상적 층위의 경험의 중층적 구조로 이루어진다. 정신적·추상적 층위의 경험은 항상 신체적·물리적 층위의 경험에 근거하고 있으며, 그것을 토대로 은유적으로 확장되어 나타난다. 이러한 확장의 과정은 자연적·사회적·문화적 조건에 따른 다양한 변이를 드러낸다. (노양진 2007: 53-54) 이는 앞서 논의한 보편적 은유와 특수적 은유가 어떻게 나타나는가를 설명해 준다.

또한 의미는 우리가 경험에 틀을 부여하는 방법과 관련있다. 만약 내가 "I paid five dollars for the drink."라고 한다면 나는 구매자의 원근화법을, "I sold the drink for five dollars."라고 말한다면 나는 판매자의 원근화법을 취하는 것이다. 사람마다 자신의 원근화법에 따라 동일한 사건에 다른 방식의 틀을 부여할 수 있다. Lakoff&Johnson(1980:24)[49]에서는 은유의 본질을 "어떤 종류의 사물을 다른 어떤 종류의 사물의 관점에서 이해하고 경험하는 과정"이라고 정의한다. 즉 개념적 은유 이론에서는 은유를 본질적으로 언어만의 문제가 아니라 우리의 사고 과정과 관련된 문제로 보고 있는데 이것이 기존의 전통 은유 이론(The Classical Theory of Metaphor)과의 가장 큰 차이점이라고 할 수 있다.

Kövecses(2002:x-xi)는 Lakoff&Johnson(1980)의 개념적 은유 이론에서 정의하는 은유를 다음과 같이 잘 요약하고 있다.

---

49 페이지 표시는 노양진·나익주(2006)의 번역본을 기준으로 한 것이다.

(4) ㄱ. 은유는 낱말의 속성이 아니라 개념의 속성이다.
   ㄴ. 은유의 기능은 단지 예술적, 혹은 미적 목적뿐만 아니라 어떤 개념을 더 잘 이해하는 데에 있다.
   ㄷ. 은유는 종종 유사성에 기초하지 않는다.
   ㄹ. 은유는 특별한 재능을 지닌 사람들뿐만 아니라 평범한 사람들도 일상생활에서 별다른 노력 없이 사용할 수 있다.
   ㅁ. 은유는 불필요하지만 마음을 흡족하게 하는 언어 장식이 아니라, 인간의 사고와 추론의 불가피한 과정이다.

Lakoff&Johnson(1980) 이래로 개념적 은유는 "한 개념 영역을 다른 개념 영역에 의해서 인지하는 개념화 장치"로 정의하고 있다(Kövecses 2002:4). 이 경우, 개념적 은유는 두 가지 개념적 영역으로 구성된다. 우리가 인지하려고 하는 개념적 영역을 '목표영역(target domain)'이라 하고, 이 목적을 달성하기 위해 우리가 사용하는 개념적 영역을 '근원영역(source domain)'이라고 한다.

Lakoff&Johnson(1980)에서는 은유를 경험의 한 영역, 즉 '근원영역'에서부터 다른 경험의 영역, 즉 '목표영역'으로의 체계적인 '인지 사상'(Cognitive Mapping)이라고 규정하고, 이를 '개념적 은유'(Conceptual Metaphors)라고 하였다.

이러한 개념적 은유는 한 주어진 문화 구성원들에게 널리 공유된 인지 장치로서, 다음과 같은 기본적 특성을 가지고 있다(임지룡 1997:177-188).

(5) ㄱ. 개념적 은유는 체계적이다. 즉, 이해의 대상이 되는 영

역과 이해를 위해 사용되는 영역 사이에 고정된 대응 관계가 있다.
ㄴ. 개념적 은유는 보통 공통의 경험에 의해서 이해된다.
ㄷ. 개념적 은유는 대체로 무의식적이며 그 작용은 인지상으로 거의 자동적이다.
ㄹ. 개념적 은유는 언어 속에 널리 관습화되어 있다. 즉, 우리의 언어에는 개념적 은유에 기초한 수많은 낱말과 관용표현이 발견된다.

이러한 특성을 가지고 있는 개념적 은유는 Lakoff&Johnson(1980)에서 인지적 기능에 따라, 지향적 은유(orientational metaphors), 존재론적 은유(ontological metaphors), 구조적 은유(structural metaphors)의 세 가지로 대별된다(Lakoff& Johnson 1980:3-21; 임지룡 1997:177-188; Kövecses 2002: 32-36). 이 경우 인지적 기능이란 목표영역에 대한 개념적 구조의 충실성 정도를 말하는 것으로서, 이를 Kövecses(2002:32-36)에서는 '구조적 은유>존재론적 은유>지향적 은유'의 차례로 규정한 바 있다. 이 논문에서도 이와 같은 순서로 살펴보겠다.[50]

7.1 구조적 은유

구조적 은유(structural metaphor)는 근원영역이 목표영역에

---

50 구조적 은유, 존재론적 은유 및 지향적 은유에 대한 논의는 임지룡(1997:177-188; 2006:35-40), 박정운(2001:91-94), 최지훈(2010:48-51)등 여러 논의를 참고해서 정리한 내용이다.

대하여 상대적으로 풍부한 지식 구조를 제공함으로써 추상적인 목표영역이 근원영역의 수준으로 구조화되는 것을 말한다. Lakoff&Johnson(1980:61)에 따르면 구조적 은유는 고도로 구조화되고 명확한 개념 즉, 근원영역을 사용하여 다른 개념 즉, 목표영역을 구조화하는 것으로 규정하고 있다. 이러한 구조적 은유의 인지 기능은 근원영역의 구성 요소와 목표영역의 구성 요소 간의 개념적 대응 구조에 의해 이루어지는데, 아래에 이 구조적 은유에 대해 구체적으로 알아보기 위해 그 목표영역으로 '인생'의 개념이 사용된 경우를 살펴보기로 한다. [인생은 여행이다]라는 은유는 '여행하는 사람'과 '인생을 살고 있는 사람', '경로'와 '인생의 항로', '출발점'과 '탄생 시간' 등의 대응 관계를 마음속에 구조화하고 있다는 것을 말한다. 이를 도식으로 나타내면 다음과 같다.[51]

근원영역 (Source Domain)	목표영역 (Target Domain)
여행	**인생**
여행하는 사람	인생을 살고 있는 사람
출발 시간	탄생 시간
경로	인생의 항로

<표4> 구조적 은유 도식

은유의 본질은 한 종류의 사물을 다른 종류의 사물의 관점에서 이해하고 경험하는 것이므로 '인생'은 '여행'의 관점에서 부분적

---

[51] '인생의 동반자를 만나다, 인생은 험난한 고비를 넘는 것이다'와 같은 은유가 이에 속한다.

으로 구조화되고 이해되는 것이다. 이러한 구조적 은유는 이어서 설명할 존재론적 은유와 완전히 별개의 것이 아니라 서로 연결되어 있는 개념이라고 볼 수 있다.

사건의 구조적 은유는 어떠한 양상을 보여주고 어떠한 특징을 갖고 있는지 살펴보자. '사건'은 실제 세계에서 말하는 개념과 언어 연구에서 말하는 개념이 다른 측면이 있다. 그리고 사건은 통사론이나 문법론에서 주로 연구되어 온 분야이다. 임채훈(2007:15-76)에서는 '문장 의미 차원에서의 사건'을 주장하며, '사건'에 대한 다양한 철학적 배경과 함께 문장 의미 차원의 사건이 무엇인지 논의한 바 있다.

본고에서 말하는 사건은 통사론적 측면이나 문장 의미적 측면이 아니라 은유적 측면에서 바라본 개념이다. 일반적으로 우리가 흔히 이야기하는 사건(event)은 두 가지 유형으로 나눠 볼 수 있다. 하나는 현실 세계의 사건이며 또 하나는 언어적 사건이다. 현실 세계의 사건은 현실 속에 실제로 일어난 일이며 언어적 사건이란 현실 사건에 대한 언어적 구현이다(Rosen 2003:323 참조). 다시 말하자면, 언어적 사건(Linguistic Event)은 현실 사건이 언어화(기호화)된 개념이다(Levin&RappaportH 2005:19).

또한 모든 사건은 시간과 더불어 인식된다. 하나의 사건은 발생하여 전개되다가 종결된다. 사건이 가지고 있는 이러한 내적 시간 구조 즉, 사건의 시작, 지속, 종결 등 사건의 개념을 사건 구조(event structure)라고 한다.

Lakoff&Johnson(1999)에 따르면, 사건 구조의 개념(event-structure concepts)은 철학에서 매우 핵심적인 개념으로 상태,

변화, 원인, 행동, 과정, 목적 및 방법 등을 포함하고 있다. 이들 개념이 철학에서 핵심 개념으로 인식된 것은 인간의 일반적인 지식 즉, 원인, 변화, 목적 등 사건의 다양한 측면들에 관한 지식을 구성하였기 때문이다. Lakoff(1993b:219)에 따르면, 사건의 개념적 은유 체계에서 상태(States), 변화(Changes), 원인(Causes), 행동(Actions), 목적(Purposes), 수단(Means)과 같은 개념을 포함하고 있는 사건의 다양한 면은 공간(한정된 구역), 힘, 운동과 같은 물리적 개념을 통해 이해할 수 있다. Lakoff(1990:57-85)를 참고하면 사건 구조는 다음과 같이 은유적으로 이해된다.[52]

(6) ㄱ. 상태는 공간 속의 한정된 영역이다.
ㄴ. 상태 변화는 영역 속으로나 그 밖으로의 이동이다.
ㄷ. 과정은 움직임이다.
ㄹ. 행동은 자력 움직임이다.
ㅁ. 원인은 힘이다.
ㅂ. 목적은 목적지이다.
ㅅ. 수단은 목적지로 가는 길이다.

(6)에서 보는 것처럼 '사건의 구조'는 다양한 은유로 나타난다. 이러한 논의를 종합하여 본고에서 주장하는 사건 구조가 무엇인지를 표로 보이면 다음과 같다. 표5에서 Lakoff가 제시한 사건 구조를 상태, 변화, 원인, 행동, 목적, 수단, 어려움인 일곱 가지로 나눠서 보며 각 사건 구조의 은유가 어떻게 되어 있는지를 한국

---

[52] 이기동(2000:128) 재인용.

신문에서 수집된 표현을 실제적인 예로 보여주고 있다.

사건 구조	개념적 은유	대표 예문[53]
상태	상태는 장소이다.	회사가 벼랑 끝에 서 있다.
변화	변화는 이동이다.	돈이 선진국으로 유입된다.
원인	원인은 힘이다.	오스카 선수가 팀을 승리로 이끌었다.
행동	행동은 이동이다.	환율 개혁에 중요한 발걸음을 내디뎠다.
목적	목적은 목적지이다.	방송대는 '열린 대학'에 다가선다.
수단	수단은 경로이다.	활로(活路) 막힌 기업들
어려움	어려움은 장애물이다.	마음의 장벽을 허물다.

<표5> 은유적 측면에서 바라본 사건 구조

일반적으로 사건의 개념적 은유 체계에서는 '사건(Event)'을 '공간(space)'으로 보는 경향이 있다. 이른바 "Event As Space"라는 주장이다. '사물(object)'과 '공간(space)'이 밀접한 관계를 가지고 있는 것처럼 '사건(Event)'은 '시간(time)'과 밀접하게 연관되어 있다.[54] 간단하게 말하자면, 몸이 공간을 차지하듯이 사건은 시간을 차지한다. 왜냐하면 사건이 일어나고 전개되어야 우리는 일상생활에서의 시간을 인식하게 되기 때문이다

---

53 한국 신문에서 수집된 자료 중 대표적인 표현을 예문으로 들고 있다.

54 '사물'과 '공간', 그리고 '사건'과 '시간'의 이러한 유사 관계는 '공간' 및 '시간'에 대한 다음 정의에서 기술되고 있다. Keshavmurti(1991:1): For ordinary understanding, Space is defined as an extension in which material objects stand or move; it is also the distance between objects. Time too, like Space, is an extension, but an extension of events; it is the measure of duration which holds a succession of events of all kinds. Space is a static extension of it holds objects and thing in a fixed order, whereas Time holds and contains a succession of events and movements and is therefore a mobile extension.

(Keshavmurti 1991:16-19). 이러한 관계를 가지고 있으므로 사건은 시간처럼 공간으로 개념화된다.

'시간'의 개념적 은유가 사물과 위치인 두 가지로 나뉘어져 있듯이 사건도 위치와 사물의 두 가지 은유로 개념화되어 인식된다.[55] 즉 '장소(location)' 중심과 '대상(object)' 중심인 두 가지 유형이다[56]. 장소 중심 사건 구조와 대상 중심 사건 구조에 '변화', '원인' 등이 공통적으로 존재하며 모두 [변화는 이동이다], [원인은 힘이다]라는 개념적 은유를 통해 구조화된다. 그러나 양자 간의 차이로는 장소 중심에서 변화는 한 장소에서 다른 장소로의 이동이며 대상 중심에서는 변화란 장소의 이동이 아니라 대상 또는 대상물 자체의 이동(대상물에 대한 획득 또는 상실)이다 (Lakoff 1993b:226).

Lakoff(1993a, 1993b, 1994)와 Kövecses(2002)가 사건 구조를 장소 중심 사건 구조와 대상 중심 사건 구조로 분류한 바 있다. 그러나 한국어와 중국어를 살펴본 결과, 이 두 종류뿐만 아니라 장소 중심 사건 구조와 대상 중심 사건 구조가 복합적으로 사용되는 경우도 있다. 따라서 본고에서는 사건의 구조를 장소 중심 사건 구조, 대상 중심 사건 구조, 장소-대상 복합 사건 구조, 세 가지로 나누어 살펴보고자 한다.

---

55 Lakoff(1993a:225) 참고

56 'Location'과 'Object'의 용어 번역에 있어서, 기존 번역서(노양진, 김동환, 이정화 등)에서 '위치'와 '사물'로 번역되어 있다. 본고에서 사건 구조 은유의 여러 가지 하위 은유를 살펴본 후, 'Location'은 '장소'로, 'Object'는 '대상'으로 간주하는 것이 더 적합하다고 본다.

첫째, 장소 중심 사건 구조.

앞에서 논하였듯이 장소 중심 사건 구조에서 사건의 여러 가지 양상들이 장소를 비롯한 물리적인 개념을 통해 인식된다. 영어 'trouble'을 예로 들어 보겠다(Lakoff 1993b:227).

(7) I'm in trouble. [Trouble is a location]

예(7)에서 'in trouble'이란 표현으로 현재 '나'의 곤란한 처지를 뜻한다. 전치사 'in'은 '어떠한 위치 또는 장소에 있다'는 것을 의미하는데 여기서는 공간적인 장소나 위치가 아닌, 상태를 나타낸다. 즉, 사건의 상태가 위치로 개념화된다.

장소 중심 사건 구조에서 사건의 양상들이 구체적으로 어떻게 개념화되고 있는지 살펴보기 위해 다음과 같은 예문을[57] 제시할 수 있다.

(8) ㄱ. 상태는 장소다

    They are in love.

    그들 이다 -에 있다 사랑

    (그들은 사랑에 빠졌다.)

  ㄴ. 변화는 이동이다

    He went crazy.

    그 갔다 미치다

    (그는 미쳤다.)

  ㄷ. 원인은 (장소로나 장소로부터의 이동을 통제하는) 힘

---

[57] 설명을 위해 사용된 대부분의 언어적 예들은 Lakoff의 연구에서 나온 것이다. 각종 은유의 한국어 번역은 Kövecses 지음, 김동환 옮김(2009:86-87)을 참고하여 했다.

이다

The hit sent the crowd into a frenzy.

그 타격 보냈다 사람들 -안으로 하나 광분

(그 타격은 군중을 격분시켰다.)

ㄹ. 행동은 자체 추진적인 이동이다

We've taken the first step.

우리, 현재완료 /가지고 가다/ 첫 번째/ 걸음

(우리는 첫 번째 조치를 취했다.)

ㅁ. 목적은 목적지(바라는 위치)다

He finally reached his goals.

그 결국 도달했다 그의 목표들

(그는 마침내 목표에 도달했다.)

ㅂ. 수단은 경로다

She went from fat to thin through an intensive exercise program.

그녀 갔다 -로부터 뚱뚱한 -로 마른 -를 통해 하나의 집중적 운동 프로그램

(그녀는 집중 운동 프로그램을 통해 날씬해졌다.)

ㅅ. 어려움은 장애물이다

Let's try to get around this problem.

-ㅂ시다 시도 전치사 돌아다니다 이 문제

(이 문제를 헤쳐 나가도록 노력하자.)

ㅇ. 외부 사건은 이동하는 큰 사물이다

the flow of history

그 흐름 전치사 역사

(역사의 흐름)

ㅈ. 예상되는 진행은 여행 일정이다 (일정은 미리 조정된 시간에 미리 조정된 목적지에 도달하는 가상 여행객이다)

We're behind schedule on this project.

우리 이다 뒤 스케줄 전치사 이 프로젝트

(이 프로젝트가 예정보다 늦다.)

ㅊ. 의도적이고 장기적인 활동은 여행이다

You should move on with your life.

당신 -어야 하다 옮기다 전치사 당신의 삶

(당신 삶을 계속 진행해 가야 합니다.)

이상에서 살펴본 장소 중심 사건 구조의 하위 사상 및 관련 예문을 통해, 우리는 사람들이 '어떠한 상태'를 이야기할 때 흔히 '어떠한 위치나 장소에 있다/없다/빠져들다/나오다'는 언어적 표현을 사용한다는 사실을 알 수 있다. 요컨대 사건 구조가 장소를 비롯한 물리적인 개념을 통해 그 관계를 인지하게 된다.

둘째, 대상 중심 사건 구조.

대상 중심 사건 구조에서는 추상적인 사건의 양상들을 구체적인 소유물을 통해 개념화하여 인식한다. 역시 영어 'trouble'의 예문을 살펴보자(Lakoff 1993b:227).

(9) I have trouble. [Trouble is an object that is possessed]

(9)에서 'have'란 영어 표현으로 현재 '나'의 곤란한 처지를 나

타낸다. 동사 'have'는 '어떠한 물건을 가지거나 소유하다'는 의미를 지닌다. 여기서는 가지고 있는 구체적인 사물로 추상적인 상태를 개념적으로 보여준다. 즉, 사건의 상태가 소유된 대상으로 개념화된다.

대상 중심 사건 구조에 포함되어 있는 하위 사상을 해당 사상의 영어 예[58]와 함께 제시하면 다음과 같다.

(10) ㄱ. 속성은 대상이다
I have confidence in myself.
나 가지다 자신감 전치사 자기 자신
(나는 내 자신을 믿는다.)

ㄴ. 변화는 (대상의) 이동이다
He lost his courage.
그 잃었다 그의 용기
(그는 용기를 잃었다.)

ㄷ. 원인은 (대상물의 이동을 통제하는) 힘이다
They have brought happiness to workers.
그들은 현재완료 가져왔다 행복 전치사, -에게 노동자들
(그들은 노동자에게 행복을 가져왔다.)

ㄹ. 행동은 자제적인 획득 또는 상실이다
Let's take a walk.
-ㅂ시다 가지고 가다 하나 산책

---

[58] 영어 예문은 Yu(1998:215-226) 및 Reyadh(2009:86-97) 참고해서 정리하였다.

(우리 산책하러 가자.)

ㅁ. 목적은 갖고 싶은 대상이다

We will take the White House.

우리 -ㄹ 것이다 가지고 가다 백악관

(우리는 대통령 선거에서 이길 것이다.)

ㅂ. 목적 달성 과정은 갖고 싶은 대상에 대한 획득의 과정이다

(또는 원하지 않는 사물을 버리는 과정이다)

I'm hunting for a job.

나. ...중이다 사냥하다 전치사 하나 직장

(저는 취직 준비 중이에요.)

(10)의 하위 사상 및 예문들은 '가지고 있는 사물', 또한 '해당 사물의 획득이나 상실'로 '어떠한 상태'나 '어떠한 상태의 변화'를 개념화한다는 것을 예증해 준다. 사물 중심 사건 구조의 핵심 사상을 [사건은 소유물의 이동]으로 요약할 수 있다.

셋째, 장소-대상 복합 사건 구조.

한국어와 중국어의 은유 표현을 수집, 정리하는 과정에서 사건의 구조가 동시에 장소와 사물로 개념화되어 인식되는 몇 가지의 예를 발견하였다. 이처럼 장소 중심사건 구조와 대상 중심 사건 구조가 복합적으로 사용되는 것을 장소-대상 복합 사건 구조라고 한다.

장소-대상 복합 사건 구조에 관한 구체적인 예를 들어보면 다음과 같다.

(11) 中国 经济　　　　需要　　　　　软着陆. (R)
　　중국 경제, 반드시 가져야 하다,　연착륙(하다)
　　(중국 경제는 안정적인 조절이 필요하다.)

예(11)에서 동사 '需要(반드시 가져야 하다)', '软着陆(부드럽게 착륙하다)'로 중국 경제에 안정적인 조절이 필요함을 보여주었다. '需要'는 소유를 뜻하며 '软着陆'은 이동을 의미한다. '需要'를 통해 '안정적 조절'이란 추상적인 행동이나 속성이 가질 수 있는 구체적인 사물로 개념화되어 인식된다. 이는 대상 중심 사건 구조의 하위 사상이다. 또한 '软着陆'이란 표현은 이동을 뜻하는 '착륙하다'로 중국 경제가 안정적으로 조절된다는 것을 뜻한다. 상태 또는 속성의 변화가 공간적인 장소의 이동을 통해 개념화되었다. 이것은 장소 중심 사건 구조의 하위 사상이다. 종합해서 보면, 대상 중심 사건 구조와 장소 중심 사건 구조가 복합적으로 사용되고 있음을 확인할 수 있었다.

(11)에서 보는 것처럼 사건의 상태 또는 변화가 물리적인 장소와 구체적인 대상으로 복합적으로 개념화되어 인식된다.

사건의 여러 가지 양상, 즉 사건 구조가 구체적인 개념으로 인식되어 이해된다. 이상에서 기술한 것이 바로 사건의 구조적 은유 하위 사상들이다. 이어서 사건의 개념적 은유가 어떠한 특성을 가지고 있는지 알아보고자 한다. 개별적인 개념적 은유들로 구성된 은유 체계이기 때문에 사건의 개념적 은유는 개념적 은유의 일반 특성을 가진다고 볼 수 있다. 기존 개념적 은유 연구 성과에 따르면, 사건 구조의 개념적 은유의 특성을 이중성, 위계(位階)성, 중심적 사상의 세 가지로 나누어 살펴볼 수 있다.

첫째, 이중성.

앞에서 논의한 바와 같이 사건 구조는 대개 장소 중심 사건 구조, 사물 중심 사건 구조, 그리고 장소-사물 복합 구조인 세 가지로 나눠서 볼 수 있다. 사건 구조의 이러한 체계를 '이중적(dual)'이라고 한다. 따라서 사건 구조는 이중성을 가지게 된다. 영어의 'trouble'이란 표현을 다시 살펴보자.

(12) ㄱ. I'm in trouble. [Trouble is a location]

ㄴ. I have trouble. [Trouble is an object that is possessed]

(12ㄱ)에서 'trouble'은 '내가 지금 있는 장소'로 개념화되어 있고 (12ㄴ)에서 'trouble'은 '내가 가지고 있는 대상물'로 개념화되어 이해된다. 비록 각각 구체적인 장소와 사물로 개념화하고 있지만 '나 큰일 났어'라는 추상적인 상태를 똑같이 나타내고 있다. 중국어의 예문[59]을 보충으로 살펴보자.

(13) ㄱ. 他就必定會<u>遠離幸福</u>.

그 기필코 -ㄹ 것이다 멀리 떠나다 행복

(그는 <u>행복으로부터 멀리 떠나게</u> 될 것이다.)

ㄴ. 幸福<u>離他遠去</u>.

행복 떠나다 그 멀다 가다

(행복이 <u>그로부터 떠났다</u>.)

예문 (13ㄱ)과 (13ㄴ)은 궁극적으로 '그 사람이 더 이상 행복하지 못하다'는 것을 뜻한다. 그러나 (13ㄱ)에서는 주어인 '그'의 이동, (13ㄴ)에서는 소유물 자체의 이동인 두 가지 다른 개념으

---

[59] 베이징대학교 中國語言學硏究中心 말뭉치(http://ccl.pku.edu.cn)에서 추출된 예문이다.

로 실현된다. 즉, 사건 구조에서 같은 하나의 상태인데도 이중적인 은유로 개념화되어 기술할 수 있다. 앞에서 논의한 장소 중심 사건 구조와 사물 중심 사건 구조의 개념적 사상을 대조해서 사건 구조의 이중성을 도시하면 아래와 같다.

장소 중심 사건 구조의 은유	대상 중심 사건 구조의 은유
상태는 장소	속성은 대상
변화는 이동	변화는 대상의 이동
원인은 (장소로나 장소로부터의 이동을 통제하는) 힘	원인은 (대상물의 이동을 통제하는) 힘
목적은 목적지	목적은 목표물

<표6> 사건 구조의 이중성

둘째, 위계성.

은유적 사상은 서로 간에 고립된 채로 일어나는 것이 아니라, 위계구조(hierarchical structure)에서 조직화되는 경향을 보인다. 즉 위계구조에서 더 낮은 층위의 사상이 더 높은 층위의 사상 구조를 계승한다. Lakoff(1994:62)에서는 이러한 현상을 은유의 계승 위계구조(metaphor inheritance hierarchy)라고 하였다. 사건 구조의 개념적 은유 위계구조를 그림으로 살펴보면 다음과 같다.

<그림5> 사건 구조 은유의 위계구조[60]

　<그림 5>의 세 가지 층위를 언어화하면, 층위 1: 사건 구조의 개념적 은유, 층위2: 목적 있는 인생은 여행이다, 층위 3: 사랑은 여행이다, 경력은 여행이다. 즉 층위3에는 두 가지 유형의 개념적 은유가 있는데, 이것은 한 단계 더 높은 층위 2는 더 특별한 표시로서 층위 3의 두 가지 유형의 은유를 포함하는 더 일반적 은유이다. 또한 층위 2의 은유는 층위 1의 사건 구조 은유의 모든 구조를 계승한다.

　이러한 위계성은 사건 구조의 개념적 은유 체계의 매우 현저한 특성으로서 다음과 같은 사항을 시사해 준다(Lakoff 1994:64). 곧 위계구조에서 더 상위에 있는 은유가 하위 층위에 있는 사상보다 더 널리 퍼져 있으므로, 인생, 사랑, 경력에 대한 은유는 문화적으로 훨씬 제한되어 있는 반면에, 사건의 개념적 은유는 더 널리 퍼져 있으며 심지어 보편적일 수도 있다는 것이다.

---

　60 Lakoff(1993a:222-225, 1994:62-64)를 참고해서 사건 구조 은유의 위계구조를 그림으로 도시한다.

셋째, 중심적 사상[61].

사건의 구조적 은유에 대한 일련의 논의를 종합해 보면, Croft(1998:67)에서는 사건은 이동과 상태를 모두 포함한다고 하며 Lakoff&Johnson(1999:179)에서는 사건의 구조적 은유의 목표영역은 '사건'이며, 근원영역은 '공간 속의 이동'이라고 논의하고 있다. 또한 Fauconnier(2005)에서 우리는 흔히 이동으로 사건을 이야기하거나 생각한다고 하였다. 이에 Kövecses(2002: 208)는 사건의 구조적 은유의 중심적 사상은 '사건은 이동(EVENTS ARE MOVEMENTS)'이라고 주장하면서 이동을 사건의 하위 범주로 삼는다.

자세히 살펴보면 사건의 구조적 은유의 모든 하위 사상이 '사건은 이동'이란 중심 사상을 바탕으로 하여 서로 밀접하게 관련되어 있다는 사실을 알 수 있을 것이다. 상태는 공간 속의 장소로 개념화되고 상태 변화는 장소의 변화이기 때문에 변화는 결국 이동이 된다. 변화를 일으킨 원인은 내부 원인과 외부 원인으로 구분되어 있다. 외부 원인으로 일어난 변화는 힘으로 개념화되고 내부 원인 즉, 주관적인 행동으로 일어난 변화는 자체 추진적인 이동으로 이해된다. 그러므로 행동을 통해 이루고자 하는 목적은 이동으로 가고자 하는 목적지이다. 목적을 달성하기 위한 방법이나 수단은 경로, 목적지를 향해 가는 과정에서 겪게 된 어려움은 장애물(障碍物)로 이해된다.

---

61 Kövecses(2002:194)에서 다른 사상을 파생한 일반화된 사상을 중심적 사상(central mapping)이라고 한다.

7.2 존재론적 은유

존재론적 은유(ontological metaphor)는 다양한 목적을 충족시키며, 현존하는 다양한 종류의 은유들은 충족되는 목적의 종류를 반영한다. 이는 추상적인 사건, 활동, 정서, 생각 등 목표영역에 대하여 구체적인 사물, 실체, 그릇과 같은 존재론적 지위를 부여하는 개념화 방식이다. 물리적 대상 특히 우리 자신의 신체에 대한 경험은 존재론적 은유의 근거가 된다(Lakoff&Johnson 1980:49).

우리는 사건과 행동, 활동, 상태를 이해하기 위해서 존재론적 은유를 사용한다. 사건과 행동은 은유적으로 물건으로 개념화되고, 활동은 물질로 개념화되고, 상태는 그릇으로 개념화된다. 존재론적 은유의 실례를 '사랑'을 통해서 살펴보자.

(14) [사랑은 액체가 담긴 그릇]
　　ㄱ. 사랑이 {가득 차다/뜨겁다/끓어오르다/식다/넘치다/솟다/달콤하다}.
　　ㄴ. 사랑이 깨지다.
　　ㄷ. 사랑에 금이 가다.

(14)에서 추상적인 '사랑'은 그릇이나 그릇 속에 담긴 액체로 이해된다. (14ㄱ)에 사용된 서술어는 그릇 속에 담긴 액체에 사용되는 것이며, (14ㄴ-ㄷ)에 사용된 서술어는 그릇에 사용되는 것이다. '그릇(container)'은 '안'과 '밖'의 영역을 가지며, '내용물'을 담을 수 있는 물체이다. 이런 점에서 볼 때 '사랑'은 그릇의

일종으로 이해되며 그 그릇에 담겨진 액체로도 인식된다.

또는 활동의 경우를 살펴보면, 활동은 또한 그 활동에 소요되는 에너지와 재료에 대한 그릇으로 여겨지고, 그 활동의 부산물에 대한 그릇으로 여겨지는데, 그 부산물은 그 활동 안에 있거나 그 활동으로부터 생겨나는 것으로 여겨질 수 있다. 구체적인 예를 들면 다음 (15)와 같다(Lakoff&Johnson 1980:70).

(15) ㄱ. I put a lot of energy into washing the windows. (나는 그 유리창 닦는 일에 많은 힘을 들였다.)

ㄴ. I get a lot of satisfaction out of washing the windows.
(나는 그 유리창 닦는 일에서 큰 만족을 얻는다.)

7.3 지향적 은유

지향적 은유(orientational metaphor)는 상호 관련 속에서 개념들의 전체 체계를 조직화하는 은유이다. 이 은유는 대부분 위-아래, 안-밖, 앞-뒤, 접촉-분리, 깊음-얕음, 중심-주변 등의 공간적 지향성과 관련이 있어서 '지향적' 또는 '방향적' 은유[62]라고 부르는 것이다. 이 공간적 지향성은 우리가 현재와 같은 몸을 가졌고, 그 몸이 우리의 물리적 환경에서 현재와 같이 활동한다는 사실로부터 생겨난다.

---

[62] 'Orientational Metaphor'는 임지룡(1997, 2006)에서만 '방향적 은유'라고 칭하고 기타 연구에서는 모두 '지향적 은유'라고 한다. 이 논문에서는 다수의 연구에 따라 '지향적 은유'라는 용어를 쓴다.

예를 들어, 행복과 슬픔이란 개념들은 하나의 개념체계를 형성하고 있는데 이 둘은 (8)의 예에서 볼 수 있듯이, 상호간 관계 속에서 [행복은 위; 슬픔은 아래]라고 하는 형태로 은유적으로 조직화된다. [행복]이 [위]의 방향이라는 사실은 (16ㄱ-ㄴ) 같은 표현을 만들어 낸다.

(16) [행복은 위; 슬픔은 아래]
　　ㄱ. 구름 위에 뜬 기분이다.
　　ㄴ. 뛸 듯이 기뻐했다.
　　ㄷ. 저기압이다.
　　ㄹ. 슬픔에 잠겨있다.

(16)의 은유 표현을 통해서 지향적 은유는 수직방향에서 드러난다는 것을 알 수 있다. 이 외에 지향적 은유는 '앞/뒤, 오른쪽/왼쪽' 등 수평방향의 은유적 양상도 보인다.

본 논문에서는 지향적 은유를 보다 넓은 의미에서 보고자 한다. 단순하게 위-아래, 안-밖 같은 방향뿐만 아니라 구체적인 장소와 연관시켜서 해당 은유 표현을 살펴보기로 한다.

개념적 은유는 한 개념 영역을 다른 개념 영역에 의해서 인지하는 개념화 장치이다. 우리가 갖고 있는 개념은 환경이나 경험과 직접적인 관련을 이루고 있기 때문에 각기 다른 언어와 문화 배경을 가진 사람들이 모두 같은 은유를 사용하지는 않을 것이다. 그러므로 서로 다른 언어나 문화에 걸쳐 보편적으로 사용되는 은유도 있으며 특정 언어에서만 사용되는 특수적 은유도 있다.

먼저 보편적인 개념적 은유에 대해 살펴보도록 하자.

Yu(1998)는 행복이라는 목표 영역과 관련하여 중국어와 영어가 공통적으로 가지고 있는 개념적 은유가 존재한다는 것을 확인하였다. 그가 기술한 은유의 예는 [행복은 위(HAPPINESS IS UP)], [행복은 빛(HAPPINESS IS LIGHT)], [행복은 그릇 안의 액체(HAPPINESS IS A FLUID IN A CONTAINER)]이다. 다음 (17), (18)의 예[63]를 통해 중국어와 영어의 공통된 은유를 살펴볼 수 있다.

(17) ㄱ. 他 很 高 兴.
　　　그 아주 높다 좋아하는 감정
　　　(그는 매우 기쁘다/행복하다.)

ㄴ. 他 容光 焕发.
　　그 얼굴의 빛 (빛이)나다
　　(그는 행복해 보인다.)

ㄷ. 他 心中 充满 喜悦.
　　그 마음속 가득 차다 기쁨
　　(그의 마음속에 기쁨이 가득 찬다.)

(18) ㄱ. I'm feeling up.
　　　나는 느끼다 위
　　　(나는 행복하다.)

ㄴ. She was shining with joy.
　　그녀 였다 빛나다 -로 기쁨
　　(그녀는 매우 행복해 보였다.)

ㄷ. We were full of joy.

---

63 Yu(1998:60-65)에서 사용되는 예문을 재정리

우리 였다 차다 -로 기쁨
(우리는 매우 즐거웠다.)

(17)-(18)에서 보는 것처럼 중국어와 영어에서 행복에 대한 이러한 개념적 은유는 공통적으로 사용되고 있다. 비록 다른 문화를 갖고 있지만 문화에 걸쳐 '행복'을 비슷하게 개념화하고 있다. Kövecses(2002)에서 이러한 은유를 보편적(universal) 은유라고 하며, 이러한 보편적 은유는 인간의 신체가 언어나 문화에 상관없이 보편적이라는 사실에서 기인한다고 주장하였다.[64]

한편, 보편적인 은유 외에, 언어 특수적인(language-specific) 은유도 존재한다. 또한 두 언어가 공통된 개념적 은유를 가지고 있다고 하더라도 그 개념적 은유가 언어마다 다르게 정교화(elaboration)되기도 한다.[65] Kövecses(2000)는 화를 나타내는 표현들이 언어마다 다를 수도 있음을 예들어 설명하였다. 영어에서는 anger, 일본어에서는 ikari(怒り, 화), 중국어에서는 nu(怒, 화)라고 불리는 '화'라는 목표 영역이 언어별로 다양한 근원 영역을 통해서 개념화된다는 것이다. 이 근원 영역들은 일본어에서는

---

[64] Kövecses(2002:165)에서 다음과 같이 기술하고 있다.

First, there are metaphors that are at least near-universal.

Second, these near-universal metaphors share generic-level structure. their (near-)universality arises from universal aspects of the human body.

[65] Kövecses(2000:47)는 정교화를 다음과 같이 정의하였다.

"정교화는 이미 존재하는 근원 요소를 이례적인 방법으로 한다. 근원영역에 새로운 요소를 보충하는 대신에, 이미 존재하는 것을 비관습적인 방법으로 포착한다. (Elaboration elaborates on an existing element of the source in an unusual way. Instead of adding a new element to the source domain, it captures an already existing one in a new, unconventional way.)"

hara(腹, 배), 중국어에서는 qi(氣, 기)이다.

Yu(1998)에서도 '행복'과 관련하여 중국어와 영어의 특수적 은유를 보여주었다. 그러한 개념적 은유가 쓰인 구체적인 표현을 다음 (19), (20)과 같이 제시하였다.

(19) ㄱ. 他 心里 乐 开了花.
그 마음속 기쁘다 꽃이 피었다
(그는 마음속에 꽃이 피었을 정도로 기쁘다./그는 매우 기쁘다.)

ㄴ. 他 心花 怒放。
그 마음 꽃 활짝 피다
(그는 매우 기쁘다.)

(20) ㄱ. I was flying high.
나 였다 날다 높이
(나는 매우 행복했다.)

ㄴ. She was on cloud nine.
그녀 였다 위에 구름 (그녀는 매우 기뻤다.)

중국어 예문 (19)에서 볼 수 있는 [행복은 마음속의 꽃(HAPPINESS IS FLOWERS IN THE HEART)]이라는 개념적 은유가 있다. 그러나 영어에는 '행복'과 '꽃'은 아무 관련이 없는 두 개념이다. 또한 예문 (20)에서는 [행복은 공중에 떠 있는 것(BEING HAPPY IS BEING OFF THE GROUND)]이라는 개념적 은유가 영어에 있는 것으로 보인다. 반면 중국어에서는 '행복'과 '공중'이 아무런 개념적인 관련이 없다.

이러한 개념적 은유의 문화적 변이(cultural variation)를 가져오는 원인으로 Kövecses(2002)는 두 가지 요인을 지적하였다. 첫 번째 요인은 특정 문화를 지배하는 원리나 특정 문화에서만 통하는 주요 개념과 관련된 문화적 맥락(cultural context)이며 두 번째 요인은 특정 문화가 존재하는 자연적, 물리적 환경(natural and physical environment)이다. (19)-(20)의 예와 같은 경우 전자의 요인, 즉 더 넓은 문화적 맥락에 의한 변이로 볼 수 있다.

이렇게 언어마다 각기 특수한 개념적 은유를 가지고 있음은 분명하다. 본고에서 이러한 은유를 특수적 은유라고 하겠다.

7.4 영상도식[66]

인지언어학에서는 우리의 경험과 언어 사용 양상을 설명하기 위한 몇 가지 유용한 도구들을 가정하는데, 그 가운데 하나가 '영상도식(image schema)'이다. 이는 우리가 가지고 있는 '영상(imagery)' 능력과 관련되는데(Langacker 1991:15), 우리는 몇 가지 유용한 영상 도식을 다른 개념 영역에 투사함으로써 많은 종류의 다른 개념을 이해할 수 있다.

Lakoff(1987)에 따르면 '영상도식은 우리의 일상의 신체적 경험에서 계속적으로 나타나는 비교적 간단한 구조'이다. 영상도식은 개념에 대한 우리의 신체적, 물리적 경험을 바탕으로 형성되는 구조인데 가장 기본적인 신체적, 물리적 경험은 우리의 몸이

---

66 이 부분은 Peña(2003), 김동환(2005), 최지훈(2010)에서 설명하고 있는 영상도식 이론에 대한 내용을 주로 참고하여 정리했다.

다. Johnson(1987)에서는 '영상도식이란 반복해서 발생하는 우리의 지각적 상호작용과 운동계획의 동적인 패턴으로 그것은 우리의 경험에 응집성과 구조를 부여한다'고 하였으며 Lakoff(1987)에서는 '영상도식이 물리적 경험에 의해서 이해된다'고 말한다. 이러한 영상 도식에는 '그릇', '경로', '연결', '부분-전체', '위-아래', '앞-뒤', '중심-주변' 등이 있는데 이러한 영상 도식은 은유적 사상의 근원이 된다.

본고에서는 사건 구조의 개념적 은유에 대한 영상도식을 만들고자 하므로 그릇도식, 중심-주변 도식, 경로 도식을 중심으로[67] 관련 영상 도식에 대해 살펴보기로 한다.

첫째, **그릇 도식**(Container Schema)은 '안'과 '밖'을 구별하는 경계로 이루어져 있는 도식으로 우리의 물리적, 신체적 경험에서 비롯된 것이다. 우리는 몸을 그릇으로 경험하기도 하고 그 안의 내용물로도 경험한다(최지훈 2010:58).

그릇 도식은 Lakoff&Johnson(1980)에서 제시한 몇 가지 개념적 은유인 [시야는 그릇이다], [경주는 그릇이다], [활동은 그릇이다], [상태는 그릇이다]에 대한 기초가 된다. 이러한 개념적 은유는 다음과 같은 언어 표현[68]으로 실현된다.

(21) ㄱ. The ship is coming into view. (배가 시야로 들어오고 있다.)

ㄴ. How did Jerry get out of washing the window?

---

[67] 한국어와 중국어 사건 구조의 개념적 은유를 살펴보면 주로 그릇 도식, 경로 도식, 중심-주변 도식과 연관되어 있다는 것을 알 수 있다. 그러므로 여기서 이 세 가지 영상 도식을 중심으로 살펴본다.

[68] 김동환(2005:97)의 예문

(어떻게 제리는 유리창 닦는 일에서 벗어났을까?)
ㄷ. He's in love. (그는 사랑에 빠졌다.)

예(21ㄱ)-(21ㄷ)에서 전치사 'into, out of, in'를 동반한 표현으로 용기 은유를 나타내는 것으로 분석된다.

둘째, **중심-주변 도식**(Center-periphery Schema)은 우리의 신체 기관을 중심이 되는 부분-머리, 몸통, 심장 등-과 주변이 되는 부분-머리카락, 팔다리 등-으로 생각하는 것처럼 중심이 되는 것을 더 중요한 것으로 생각하는 것에 경험적 근거를 둔다. 보통 중심이 주변보다 더 중요한 것으로 간주되는 것이 일반적이다. 이러한 경험은 우리의 일상사나 사회, 문화적 제도에서 흔히 발견된다.

(22)[69]ㄱ. She was the radiant center of society.
(그녀는 우리 사회의 핵심이다.)
ㄴ. Theories have central and peripheral principles.
(이론은 중심과 주변 원리를 가진다.)

셋째, **경로 도식**(Path Schema)은 출발지, 경로, 목적지, 방향의 구조적 요소로 이루어진 영상도식이다. 우리가 어느 곳으로 이동을 할 때는 언제나 출발 지점, 종점인 목적지, 출발 지점과 목적지를 연결하는 경로, 그리고 출발 지점에서 목적지로의 방향을 가지게 된다. 이러한 경로 도식은 은유적 확장을 통하여 추상적 경험을 이해하는 데 적용된다.

(23)[70]He got off the track of the argument. (그는 논쟁의 궤

---

[69] Lakoff(1987:275)의 예문
[70] Johnson(1987:39)의 예문

도에서 벗어났다.)

예문 (23)에서 이동을 뜻하는 'got off'와 장소를 의미하는 'track'로 출발지로부터의 이동을 나타냈다. 출발지, 방향, 경로란 구조 요소로 경로 도식을 보여주고 있다.

그 외에 힘(인력, 강요, 봉쇄, 저항, 장벽제거, 권능, 전환 등), 과정 등 영상도식이 경로 영상도식에 의존하여 경로 도식에 부차적인 영상도식이다. 힘 영상도식은 우리가 개념적 체계를 구조화하는 기본적인 한 가지 방법이다. Kövecses(2000)는 널리 퍼져 있는 힘의 경험에 대한 도식적 표상에서 추상적인 사역성의 영역으로 이루어지는 심적 투사에 사건 구조라는 총칭층위 은유의 성질이 있다고 주장했다. 다시 말해, 힘 영상도식은 개념적 은유를 도식화하는 데 중요한 역할을 한다.

8. 한·중 구조적 은유 표현 대조 분석

　이 장에서는 사건의 개념적 은유 표현을 개념적 은유의 세 가지 유형인 구조적 은유에 입각하여 한국어와 중국어의 해당 은유 표현을 대조하고 이들의 공통점과 차이점을 밝히고자 한다. 연구의 편의를 위하여[71] 한국과 중국의 신문으로부터 앞에서 제시한 영어의 은유와 같다고 생각되는 문장을 1차적으로 정리해 놓고 분석할 것이다. 나아가 이를 통해 확인한 사건 구조 은유의 유형을 다른 언어 자료에 활용한다. Lakoff&Johnson(1980:24)에서는 '은유의 본질은 한 종류의 사물을 다른 종류의 사물의 관점에서 이해하고 경험하는 것'이라고 한다. 본 논문에서는 Lakoff&Johnson이 제안한 인지적 접근법으로 한 표현이 은유인지 아닌지 판단하였다. 즉 한 표현 또는 표현의 집합이 한 영역(근원영역)에서의 기본적인 의미로 다른 영역(목표영역)에 사상하여 어떠한 추상적인 현상을 묘사할 수 있다면, 그것을 언어적 은유로 본다.

---

　71 신문 기사 언어는 일상 언어보다 개념적 은유를 훨씬 많이 사용하고 있다. 따라서 사건 구조 은유의 존재 가능성이 높다고 생각되는 신문 기사를 주요 연구 자료로 하는 것을 우선적으로 고려하였다.

앞에서 살펴보았듯이 사건 개념적 은유의 중심적 사상은 '사건은 이동'이라는 것이다. 이 장에서는 개념적 은유의 이러한 중심적 사상과 관련된 은유 표현들을 '이동-변화', '힘-원인', '움직임-행동', '목적지-목적', '경로-수단' 등 몇 가지로 세분화하고 구조적 은유 이론을 적용해서 살펴보고자 한다.

8.1 이동-변화 은유

'이동'은 '어떤 시간에 특정한 장소에서 다른 장소로 주체 혹은 객체의 위치가 변화하는 것'이다. 이는 은유 연구에서 어떤 행위나 사건, 추상적인 대상의 상태 변화 등을 구체적 대상의 이동으로 개념화하고 있는 이동 은유(MOVEMENT METAPHOR)로 설명할 수 있다. 다시 말해, 상태의 변화는 공간의 이동으로 개념화된다.

Kövecses(2010:53)는 '변화란 한정 구역으로 또는 한정 구역으로부터의 물리적 이동'이라고 논의한 바 있고, Lakoff&Johnson(1999:183)에서는 '이 하위 사상(이동-변화)은 '장소-상태'의 하위 사상을 기반하며 상태의 변화를 공간에서 한 한정 구역으로부터 다른 구역으로의 이동으로 개념화하고 있다'고 논의하였다. 이들 연구에서는 [이동은 변화]라는 은유가 일반적으로 'go, come, enter, fall' 같은 다중의미 동사와 'from, to, into, between' 같은 전치사에 의해 실현된다고 논의하였다[72].

(24)와 (25)에서 한국어와 중국어에 나타난 [이동은 변화]라

---

[72] Lakoff&Johnson(1999), Kövecses(2000), Radden(1995) 등 참조.

는 은유 표현을 분석해 보도록 하겠다.

(24) ㄱ. 추우니 안으로 <u>들어가세요</u>.

ㄴ. 후속 단계로 <u>넘어가고 있다</u>. (J)

ㄷ. 신약이 나오자마자 특허 분석에 <u>들어간다</u>.

(25) ㄱ. 老师<u>走进</u>教室.

선생님 들어가다 교실

(선생님이 교실에 <u>들어가신다</u>.)

ㄴ. 她们从小世界<u>跌进</u>大现实. (R)

그녀들 -에서 작다 세계 떨어지다 들다 크다 현실

(그녀들은 작은 세계에서 커다란 현실에 떨어져 들어왔다.)

ㄷ. MSN(中国)<u>迈向</u>了一个新的起飞高度. (G)

MSN(중국) 내딛다 향하다 완료 하나 새롭다 일어나다 날다 고도

(MSN(중국)은 새로운 발전 기점으로 걸어가고 있다.)

(24ㄱ)과 (25ㄴ)은 각각 이동을 뜻하는 한국어 동사 '들어가다'와 중국어 동사(走进(走: 걷다, 进: 안으로 향해 가다. 걸어서 들어가다)로 실제로 일어난 공간적인 장소 이동을 나타낸다. 즉 은유가 나타나지 않는 기본 의미이다. 반면 (24ㄴ)은 이동을 뜻하는 동사 '넘어가다'[73]가 어떤 사업이 새로운 단계로 추진되었다

---

[73] 표준국어대사전에서 '넘어가다'의 의미 항목을 확인하면 다음과 같다. 넘어가다:
「1」 바로 있던 것이 저쪽으로 기울어지거나 쓰러지다.
「2」 【…에/에게】 사람, 물건, 권리, 책임, 일 따위가 한쪽에서 다른 쪽으로 옮아가다.

는 것을 의미하며, (24ㄷ)에서는 이동 동사 '들어가다'[74]를 통해 개량 신약에 대한 분석이라는 새로운 상태가 도입되었음을 표현하고 있다.

(25ㄴ)에서 중국어 '跌进(어디에 떨어져 들다)'으로 무용수들의 생활 상태의 변화를, (25ㄷ)에서는 '迈向(어디를 향하여 걸어가다)'란 동사를 통해 MSN 중국 회사의 새로운 발전을 맞이하게 되었다는 의미를 나타낸다. 즉 모두 실제적인 이동이 아니라 추상적인 상태의 변화, 사건의 시작을 나타내고 있다.

(24)와 (25)에서 보는 것처럼 한국어와 중국어 모두 구체적인 공간 위치의 이동 혹은 변화로 추상적인 상태의 변화를 개념화한다. 이렇게 구체적이고 물리적인 공간 위치의 이동에서 추상적인 상태 변화라는 의미로 사상되는 관계가 곧 [이동은 변화]라는 이동 은유라고 할 수 있다.[75] 이러한 논의를 바탕으로 [이동은 변

「3」 다음 순서나 시기, 또는 다른 경우로 옮아가다.

「4」 해나 달이 지다.

'넘어가다'의 사전 해석에 '옮아가다' 등 이동과 직접적인 의미 표현이 사용되고 있다. 이러한 점에서 '넘어가다' 이동을 뜻하는 동사로 분류할 수 있다

74 표준국어대사전에서 '들어가다'에 대한 의미 해석.

들어가다:

「1」 밖에서 안으로 향하여 가다.

「2」 전기나 수도 따위의 시설이 설치되다.

「3」 새로운 상태나 시기가 시작되다.

「4」 어떤 일에 돈, 노력, 물자 따위가 쓰이다.

「5」 안에 삽입되다

첫번째 의미 사항 '밖에서 안으로 향하여 가다'는 '들어가다'의 원형 의미로 파악되고 있기 때문에 '들어가다'는 이동 동사로 취급된다.

75 코베체쉬(Kövecses 2002:243)는 은유 [이동은 변화] 은유에서 '변화에 대한 통제 결핍이 이동에 대한 통제 결핍으로 간주되며, 우연적인 변화가 비틀거림과 같은

화]라는 은유를 도식화하면 다음과 같다.

근원영역 (Source Domain)		목표영역 (Target Domain)
이동		**변화**
장소		상태/사건
장소의 움직임	→	상태/사건의 변화
경로		수단/방법

<표7> 한·중 '이동-변화' 은유 도식

한국어와 중국어에 나타나는 이동 은유 표현이 어떠한 특징을 보이는지 이동 방식 동사 '뛰다', '날다', '내딛다' 등 동사의 의미와 은유 표현을 통해 살펴보겠다.

8.1.1 '뛰다'의 은유 표현

이 절에서는 한국어와 중국어에 나타나는 '뛰다'의 사전적 의미를 살펴보고 한국과 중국 신문 기사에서 추출된 실제 은유 표현에 대해서도 분석하고자 한다. 표준국어대사전에 나타난 한국어 정의와 現代漢語詞典에 나타난 중국어 사전의 정의를 정리하면 다음과 같다. 여기서 중국어 사전의 의미 제시 순서는 한국어 사전에 맞추어 정리하였다.

'뛰다'의 의미	'跳'의 의미
있던 자리로부터 몸을 높이 솟구쳐 오르다.	两脚离地全身向上或向前的动作 두 발을 바닥으로부터 올려, 온몸을 위나 앞으로 솟구치다.

우연적인 이동으로 개념화된다.'고 주장한 바 있다.

'뛰다'의 의미	'跳'의 의미
어떤 공간을 달려 지나가다.	越过 넘다
발을 몹시 재게 움직여 빨리 나아가다.	一起一伏地动 기복을 이뤄서 움직이다.

<표8> '뛰다, 跳[76]'의 사전적 의미

<표8>에서 보는 것처럼 '뛰다'와 '跳'는 공통적으로 '발을 사용하여 이동을 이룬다'는 의미를 나타낸다. 즉 이동 방식을 보여주는 이동 동사이다. 한국어와 중국어 모두 합성동사가 발달해 있는데 수집한 신문기사에서는 '뛰어들다, 뛰어넘다'의 용례가 나타났다. 중국어에서는 합성어 '跳出(뛰어나오다/나가다), 跳进(뛰어들다)'이 나타났다.

한국어와 중국어 사전에서 '뛰다'와 '跳'의 기본 의미 대응은 비슷하게 나타난다. 그러나 이것이 실제로 은유 표현으로 사용될 때 약간 다른 양상이 보인다.

(26) ㄱ. 선거 캠페인에 <u>뛰어들어</u> 백악관에 입성하기도 하였다. (J)

ㄴ. 장애물을 <u>뛰어넘어</u> 목표를 달성하는 데서 쾌감을 느꼈다. (J)

ㄷ. 수입차 딜러 시장에 <u>뛰어들었다</u>. (K)

한국어에서 어떠한 일을 적극적으로 하게 된다는 의미를 나타

---

[76] 한국어 '뛰다'와 대응되는 중국어 동사라면 흔히 '跳', '跑'가 생각난다. 그러나 '跑'는 체육 경기와 관련된 기사에만 은유적으로 사용되고 있어 사용 범위 및 전달 의미가 매우 제한되어 있다. 그러므로 여기서 '跳'를 중심으로 사전적 의미를 살피기로 한다.

낼 때 흔히 '뛰어들다'란 합성동사가 사용된다. '뛰다'는 있던 자리로부터 다른 곳으로의 이동을 나타냄으로써 원래 안 하던 일을 하게 되었음을 은유적으로 개념화한다. '뛰어들다'의 사전 의미는 '날쌔게 움직여 갑자기 들어가거나 들어오다.'로 이러한 의미에서 적극적으로 어떤 일을 시작한다는 의미가 사상된다. 즉 특정한 행동 방식의 변경을 위해서는 특정한 방식이 강조된 이동 동사가 쓰인 것이다.

(26ㄴ)에 나타난 '뛰어넘다'는 복합적인 은유로 사용되었다. 흔히 걷는 데 방해가 되는 물건을 우리는 장애물로 간주하며, 이는 걸음을 높게 하여 넘어야 하는 것으로 생각된다. 이러한 구체적인 행동이 추상적인 것으로 사상되어 [장애물은 어려운 일], [넘는 것은 해결하는 일]이라는 두 가지 은유가 이동과 관련해 나타난다. 즉 (26ㄴ)의 장애물을 넘는다는 의미는 기존의 상황에서 빠져 나온다는 것을 은유적으로 나타낸다.

한국어 '뛰다'에 대응하는 중국어는 '跳'이다. (27)은 중국어 신문기사에 나타난 용례이다.

(27) ㄱ. 跳出同质化竞争 (R)
　　　　뛰어나오다 동질화 경쟁
　　　　(동질적인 경쟁에서 뛰어나오다.)
　　ㄴ. 跳出过度依赖加工贸易的传统思路 (G)
　　　　뛰어나오다 과도 의뢰 가공 무역 -의 전통 모듈
　　　　(가공무역에 지나치게 기대는 전통 모듈에서 뛰어나오다.)
　　ㄷ. 中国跳过了某些发展阶段 (R)

중국 뛰어넘다 완료 어떤 발전 단계
(중국은 (경제) 발전의 어떤 단계를 <u>뛰어넘었다</u>.)

ㄹ. 老师首先要<u>跳进</u>题海 (R)
선생님 먼저 -어야 하다 뛰어들다 과제 바다
(선생님이 먼저 과제의 바다로 <u>뛰어들어야 한다</u>.)

  중국어 예문 (27ㄱ-ㄴ)에 나타난 이동 동사 '跳出'은 번역하면 '뛰어나오다'에 해당한다. 이때 '跳出'은 어떤 일로부터 빠져 나간다는 의미를 나타내고 있다. 한국어의 경우 동일한 상황에서 '뛰어나오다'보다는 '벗어나다'라는 단어가 사용된다는 점을 생각하면 한국어와 중국어의 은유 표현의 차이를 알 수 있다. (27ㄷ)의 跳过는 '뛰어넘다'로 번역할 수 있지만 한국어 은유 표현과는 다르다. 한국어에서 '뛰어넘다'는 장애물을 넘는다는 의미로 사용되지만, 중국어에서는 일반적으로 '과정에 있어서 어떤 과정/절차를 안 밟고 곧바로 다음 절차로 넘어가다'는 의미 즉 '건너뛰다'의 의미로 사용된다. (27ㄹ)는 '어떠한 일을 적극적으로 한다'는 의미로 쓰이는 '跳进(뛰어들다)'의 예를 보여준다. 이 경우 한국어 은유 표현과 비슷하게 쓸 수 있지만, 실제 용례는 거의 나타나지 않는다. 한국어 '뛰어들다'를 중국어로 직역하면 '跳入'을 생각할 수 있다. 신문기사에 나타나지 않았지만, 중국어 말뭉치에서 검색한 결과 580개의 跳入 예문을 찾을 수 있었다. 이중 跳入은 실제 공간의 이동을 주로 나타내고 있었으며, 은유적으로는 사용된 예는 '跳入俗世(속세로 뛰어들다), 跳入恋爱圈(연애권으로 뛰어들다)'의 두 표현만 찾을 수 있었다. 즉 한국어 '뛰어들다'의 대응 표현인 跳入은 구체적인 이동에 사용되고 있고, 또 다른 대응표현인 跳进 역시 매우 제한적으로 사용되고 있음을 알 수 있다.

  중국 신문 기사에서 수집된 표현 및 중국어 말뭉치를 살펴본 결과, 한국어 '뛰다'의 대응형인 중국어 이동 동사 '跳'는 '어떠한 상황에서부터 나온다'는 의미로 보편적으로 사용됨을 알 수 있다. 이러한 논의를 종합하면, 한국어와 중국어에 공통적으로 '뛰다', '跳'는 현재 처한 상황에서 새로운 상황으로의 변화를 은유적으로 나타낸다. 그러나 합성동사로 쓰일 경우 의미 차이가 나타난다. 우선 한국어 '뛰어들다'와 중국어 '跳进'은 '어떤 일을 (적극적으로) 시작하다'는 의미로 공통적으로 사용된다. 하지만 한국어에 비해 중국어의 사용 예는 매우 제한적이었다. 그리고 한국어 '뛰어넘다'는 어려움을 해결한다는 의미로 사용되지만, 중국어 '跳过'는 '과정 상 어떤 절차를 건너뛰다'는 의미로 사용됨을 알 수 있었다. 마지막으로 중국어 '跳出'는 한국어에서는 '뛰어나오다'보다는 '벗어나다(逃脫)'라는 단어의 사용이 더 우세하게 나타난다는 점에서 차이를 알 수 있었다.

8.1.2 '날다'의 은유 표현

  '날다'는 낮은 곳에서 높은 곳으로 날개(수단 또는 방식)를 이용하여 이동한다는 의미이다. 한국어와 중국어 사전에 등재된 '날다'와 '飞'의 의미는 <표9>와 같다.

'날다'의 의미	'飞'의 의미
공중에 떠서 어떤 위치에서 다른 위치로 움직이다	鸟类或虫类等用翅膀在空中往来活动 조류나 곤충류가 날개로 공중에서 왔다갔다 하다 在空中运动 공중에서 움직이다.
어떤 물체가 매우 빨리 움직이다	形容极快 매우 빨리 움직이다

<표9> '날다, 飞'의 사전적 의미

<표9>에서 보는 것처럼 한국어 '날다'와 중국어 '飞'는 공중의 이동, 빠른 움직임을 공통적으로 나타내는 이동 동사이다. '날다' 역시 '뛰다'와 마찬가지로 합성동사가 발달했다. 한국어는 '날아가다, 날아오다, 날아들다'를, 중국어는 '飞走(날아가다), 飞来(날아오다), 起飞(날기 시작하다), 腾飞(날아오르다)'를 대표적으로 꼽을 수 있다. 그러나 중국어 사전과 말뭉치를 검색한 결과 한국어 '날아가다, 날아오다'에 대응하는 중국어 飞走, 飞来의 경우 은유적인 표현이 발견되지 않고, 직접적인 사물의 이동 의미로만 나타나고 있다. 단 중국어 '飞来'는 사자성어인 '飞来横祸(밖에서 나쁜 일이 들어오다)'에서 '들어오다'라는 의미를 확인할 수 있지만 현대어에서 은유적 의미로 '飞来'를 별도로 사용하지 않아 중국어에서는 飞를 중심으로 한 합성어는 起飞, 腾飞를 중심으로 논의할 수 있다.

위에서 살펴본 것처럼 한국어와 중국어 사전에서 '날다'와 '飞'의 기본 의미 대응은 비슷하게 나타난다. 한국어 '날다'의 합성동사인 '날아가다'는 '몹시 빠르게 움직여 가다', '가지고 있거나 붙어 있던 것이 허망하게 없어지거나 떨어지다'의 의미를 가지고 있

다. '날아오다'는 '몹시 빠르게 움직여 오다', '뜻하지 아니하게 나타나거나 우연히 들어오다'의 의미를, '날아들다'는 '뜻밖에 들이닥치다'의 의미를 가지고 있다. 즉 '날다'는 속성이 '빠름, 예상 못함', '우연함' 등의 은유적 의미로 사상되고 있는 것이다. 실제 언어 자료에서 은유적으로 어떻게 개념화되고 있는지 아래의 예문을 통해 살펴보도록 한다.

(28) ㄱ. 정유 업계에 모처럼 희소식이 <u>날아왔다</u>. (J)

ㄴ. 배우들 덕에 이 영화가 <u>날아오를</u> 수 있었다. (J)

한국어 예문 (28ㄱ)은 '날아오다'를 통해 '좋은 소식이 뜻하지 않게 아주 우연히 전해왔음'을 나타내는데, 합성동사 '날아오다'가 공간의 이동을 통해 우연적인 변화를 개념화하고 있음을 알 수 있다.[77] (28ㄴ)의 '날아오르다'는 사전에 비유적 의미가 등재되어 있지는 않지만 은유적으로 '성공을 향해 가다, 좋은 곳을 향해 가다'라는 의미로 사용되고 있다. 은유 이론 중 하나인 지향성 이론은 [위는 좋은 것]이라는 보편적 은유를 보여주는데, '날아오르다'는 '위를 향해 날다'의 의미를 포함하고 있으므로 현재 상황에서 좋은 상황으로 변화한다는 은유적 의미를 갖게 된다.[78] (28ㄴ)은 이와 같이 '날다'의 '빨리 움직이다'는 '빠른 변화'라는 의미로, '아래에서 위쪽으로 움직여 가다'를 뜻하는 '오르다'는

---

[77] Kövecses(2002:244-245)에서 'Many important scientific discoveries have been stumbled across by accident. (많은 중요한 과학적 발견들을 우연히 마주치게 되었다.)'를 통해 이동 은유가 가지고 있는 또 다른 함의는 우연적인 이동이 우연적인 변화로 개념화된다고 논의하였다.

[78] Lakoff&Johnson(1980:14-21)의 [위는 좋은 것], [아래는 나쁜 것]이라는 개념적 은유 참고.

'나쁨에서 좋음으로의 변화'를 복합적으로 은유화하여 나타낸다. 한국어 '날다'에 대응하는 중국어는 '飞'이다. (29)는 중국어 신문기사에 나타난 용례이다.

(29) ㄱ. 印度软件产业开始起飞. (G)
　　　　인도 소프트웨어 산업 시작하다 날다
　　　　(인도의 소프트웨어 산업이 날기 시작하였다.)
　　ㄴ. 中国女排两次从这里腾飞. (R)
　　　　중국 여자 배구 두 번 -에서 여기 날아오르다
　　　　(중국 여자 배구팀이 두 번이나 높이 날아올랐다.)

(29ㄱ)과 (29ㄴ)에 나타난 '起飞'과 '腾飞'는 '날기 시작하다'와 '날아 오르다'로 직역할 수 있다. (29ㄱ-ㄴ)은 모두 '飞(날다)'의 의미를 통해 '인도 소프트웨어 산업의 성장', '중국 여자 배구의 발전'을 의미하고 있으며, 합성동사를 통해 그 성공이 진입 단계인지, 높은 상승 단계인지를 표현한다.

중국 신문 기사에서 수집된 표현 및 중국어 말뭉치를 살펴본 결과, 중국어 이동 동사 '飞(날다)'는 '빠른 성장이나 발전'이란 의미로 보편적으로 사용된다. 또한 사용 형태에 있어서는 '起飞, 腾飞'가 대표적인 용례이며 그 외에 '飞跃(비약, 날다+뛰다)'이 제한적으로 나타난다.

(28)-(29) 예문을 종합해서 볼 때, 중국어에서 '飞(날다)' 이동 동사는 '起飞', '腾飞' 등 형태로 활용되어 빠른 발전을 개념화하고 있으며 한국어 '날아오르다'와 유사한 의미로 사용되고 있음을 알 수 있다.

8.1.3 '내딛다'의 은유 표현

이 절에서는 한국어와 중국어에 나타나는 '내딛다'의 사전적 의미를 살펴보고자 한다. 한국어와 중국어 사전에 등재된 '내딛다'의 의미를 정리하면 다음 <표10>과 같다.

'내딛다'의 의미[79]	'迈'의 의미
밖이나 앞쪽으로 발을 옮겨 현재의 위치에서 다른 장소로 이동하다	抬起腿来跨步 발을 옮겨 걸음을 걷다
무엇을 시작하거나, 새로운 범위 안에 처음 들어서다	行走 걷다

<표10> '내딛다, 迈'의 사전적 의미

한국어와 중국어에서 '내딛다'의 은유적 의미는 모두 무엇을 시작하거나 진행한다는 것이다. 이는 발을 옮기면 어디로 가려고 하는 사람들의 이동 경험에 근거하고 있다. 아래의 예문으로 구체적인 용례를 살펴보고자 한다.

(30) ㄱ. 첫발을 <u>내디디니</u> 구조조정은 애당초 바랄 수도 없다. (J)

(31) ㄱ. 孔子学院在传播中国文化方面<u>迈出</u>了积极的一步. (G)
　　　공자학원 전파하다 중국문화 방면 내딛다 적극적 한 걸음
　　　(공자 아카데미는 중국 문화를 홍보하는 데 적극적으로 걸음을 <u>내디뎠다</u>.)

---

[79] 표준국어대사전에서 '내딛다'는 '내디디다'의 준말로만 설명되어 있으므로 여기서 '내디디다'의 사전적 의미를 정리하고 있다.

ㄴ. 中英关系在经历曲折后逐步迈入正轨 (R)
중영 관계 겪다 곡절 -후 점차 내딛다 본궤도
(중·영 관계는 우여곡절 끝에 점차 정상의 궤도에 걸어 들어갔다.)

한국어 용례 (30ㄱ)은 발로 움직인다는 의미를 포함하는 동사 '내딛다'로 무엇을 새로 시작한다는 뜻을 나타내고 있다. 중국어의 경우, (31ㄱ)에서 동사 '迈出(내딛다)'로 공자아카데미가 해외에서 중국 문화를 홍보하게 되었음을, (31ㄴ)은 '迈入(걸어 들어가다)'로 중국과 영국 양국 관계가 좋아짐을 개념화하여 나타낸다. (31ㄴ)에서는 중국과 영국이 의도적으로 양국 관계를 좋은 방향으로 발전시키려는 것을 나타낸다. 간추려 말하면, 이러한 변화는 모두 행위자에 의해 통제되고 있는, 능동적인 움직임을 표현하고 있다. 그러므로 한국어와 중국어에서는 공통적으로 '내딛다', '迈' 이동 동사를 통해 행위자가 의지를 갖고 새로운 일을 시작하는 것을 표현하고 있다.

앞에서 논의한 은유 표현 이외에 다음과 같은 용례도 있다.

(32) ㄱ. 자금이 신흥시장에 흘러넘치지 않았다. (J)
　　ㄴ. 전혀 예상치 못한 방향으로 흘러간다. (K)
　　ㄷ. 자금은 사실상 실물경제로 유입되고 있다. (K)
　　ㄹ. 김대중 대통령의 '국민의 정부'가 돛을 올렸다.[80]

(33) ㄱ. 80年代中后期西方理论大规模涌入. (G)

---

[80] 실제 3개월 동안 수집한 자료를 보니, 중국어에는 '扬帆'이란 은유 표현을 많이 사용하고 있지만 한국어 자료에서는 '돛을 올리다'란 은유 표현이 들어 있는 문장을 찾아볼 수가 없었다. 말뭉치에서 대응 표현으로 이와 같은 문장을 검색했다.

80년대 중후기 서양 이론 대규모 쏟아 흐르다
(1980년대 후반, 서구 이론이 대규모적으로 <u>물밀듯이 들어왔다</u>.)

ㄴ. 全球跨国直接投资大部分<u>流向</u>服务领域. (R)
글로벌 다국적 직접 투자 대부분 유입되다 서비스 영역
(다국적인 직접 투자는 대부분 서비스 영역에 <u>유입된다</u>.)

ㄷ. 我的"健康肉食梦", 已经<u>扬帆</u>. (R)
나의 '건강 육식 꿈' 이미 (돛을) 달다 돛
(나의 '건강한 육식의 꿈'은 이미 <u>돛을 달았다</u>.)

사전에서 제시한 의미 항목을 보면, (32ㄱ-ㄹ)의 '흘러넘치다, 흘러가다, 유입되다, 돛을 달다' 등은 모두 수면에서의 이동 또는 물의 흐름이란 공통점[81]을 가지고 있다. 곧 수면에서의 이동으로 변화를 개념화하고 있다는 것이다. 중국어의 은유적 표현도 살펴보자. (33ㄱ-ㄷ)의 '涌入(물이 솟아 들어오다)', '流向(어디로 흐르다)', '扬帆(돛을 올리다)'은 한국어와 마찬가지로 모두 액체의 이동이나 수면에서의 이동과 관련된다는 것이 공통점이다. 즉 중국어에서도 각종 변화가 수면에서의 이동으로 개념화되

---

81 표준국어대사전을 참조하면, 관련 단어의 의미는 다음과 같다.
흘러넘치다: =넘쳐흐르다(액체가 가득 차서 흘러내리다.)
흘러가다: 액체 따위가 높은 곳에서 낮은 곳으로 흐르면서 나아가다.
유입되다: 액체나 기체, 열 따위가 어떤 곳에 흘러들게 되다.
'돛을 올리다'는 낱말의 의미 표현으로 볼 때 액체의 이동과 직접적인 관련이 없지만 '항해'와 관련된 문맥에서 사용된다는 점에서 수면 이동으로 간주할 수 있다.

어 표현할 수 있다.

　이상에서 보는 것처럼, 한국어와 중국어에서 변화는 육상의 이동뿐만 아니라, 수상의 이동, 공중의 이동으로도 개념화되어 표현되고 있다. 차이점이라면, 한국어에서 '흘러가다, 흘러넘치다, 유입되다'와 같은 수상의 이동을 뜻하는 어휘가 다양하게 쓰이는 반면, 중국어에서는 '涌入, 流向'와 같은 소수의 어휘만 쓰인다. 또한 중국어에서 공중의 이동으로 변화를 활발히 개념화하여 뜻하는 것과 달리 한국어에서는 공중의 이동이 제한적으로 사용된다. 또한 비슷한 동사가 사용되고 있다고 해도 한국어에 대응하는 중국어 단어의 경우 직접 이동만 나타내고 은유적 의미로 사용되지 않는 예도 있고, 한국어에서도 중국어에서 은유적으로 사용되지만 직접적인 이동 의미로만 사용되는 용례를 발견할 수 있었다. 이러한 차이에 대한 자료 제공은 한국어와 중국어에 관심이 있는 언어 학습자들의 언어 학습 오류를 줄이는 데 도움이 될 것이다. 지금까지 살펴본 내용을 바탕으로 '이동-변화' 은유의 영상도식을 그려보면 다음 <그림6>과 같다.

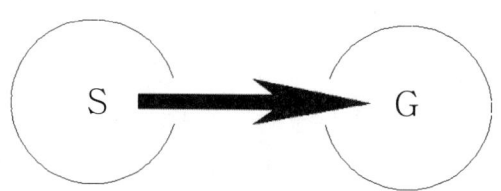

<그림 6> '이동-변화' 은유의 영상 도식

8.2 힘-원인 은유

　7장에서 '사건'은 개념적으로 공간적인 장소와 구체적인 사물로 인식된다고 논의하였다. '힘-원인' 하위 은유는 바라보는 시점에 따라 다르게 인식되고 있다. 장소 중심의 은유에서 원인은 위치로나 장소로부터의 이동을 통제하는 힘으로 인식되고 있다. Lakoff&Johnson(1999:53)에서 '힘-원인'이란 하위 사상을 낳게 한 물리적 체험은 '사물이 옮겨지거나 변하도록 그 사물에 힘을 가하여 결과를 얻는 것'이라고 논의하였다. 또한 하위 은유 '힘-원인'은 앞서 논의한 사건 구조 은유의 기타 사상에도 적합하다. 상태는 한정된 구역으로 인식되며 상태의 변화한 구역으로부터 다른 구역으로의 이동으로 인식되고 있다. 때문에 상태의 변화를 불러일으킨다는 것은 어떠한 상태에서 다른 상태로 움직이게 한다는 것으로 인식된다(Lakoff&Johnson 1999:184). 즉 상태의 변화를 일으킨 원인은 이동을 통제하는 힘으로 인식된다는 것이다.

　상기 기술한 '힘-원인' 하위 은유가 '장소-상태', '이동-변화' 하위 은유와의 연관성을 그림으로 나타내면 다음 <그림7>과 같다.

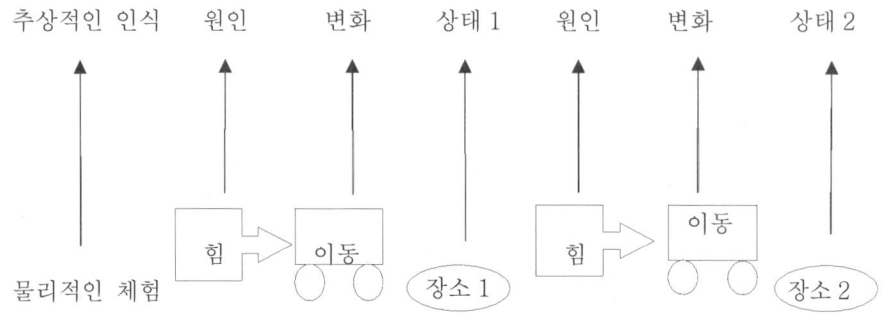

<그림7> 하위 은유 '장소-상태', '이동-변화, '힘-원인'의 연관성[82]

<그림7>에서는 지금까지 살펴본 '장소－상태', '이동－변화, '힘－원인'인 세 가지 하위 은유의 개념화 과정을 영상 도식으로 보여주고 있으며 사건 구조 은유의 위계구조를 입증하고 있다.

인간의 사건 이해는 상태의 변화에 대한 경험에서 발생하기 때문이며 변화의 현저한 양상은 이동을 수반한다. 한 장소에서 다른 장소까지 이동할 때 장소의 변화를 경험하며 이 사건은 장소의 이동을 내포한다. 또한 이동을 하게 되면 사물을 움직이게 하는 외부 또는 내부의 힘도 필요하다. 이러한 힘은 곧 원인이다. 그림에서 볼 수 있듯이 개념적 은유 체계의 하위 은유는 서로 연관을 짓고 있다. 단순한 어휘 은유라기보다는 사건의 개념적 은유는 텍스트 은유의 성격이 더 강하다고 본다.

이어서 한국어와 중국어 '힘－원인' 하위 은유가 어떻게 실현되고 어떠한 특징을 가지고 있는지, 한국과 중국 신문 기사에서 추출된 구체적인 예문을 통해 살펴보겠다.

---

82 하위 은유 '장소-상태', '이동－변화', '힘－원인'의 연관성 그림은 Reyadh(2009: 183)를 참고해서 만들 었다

(34) ㄱ. 신문 선생님이 어린이 독자들의 큰 인기를 <u>끌어왔습</u>니다. (J)

ㄴ. 선동열은 팀을 한국시리즈 우승으로 <u>이끌었다</u>. (J)

(35) ㄱ. <u>乡村旅游的兴起</u>, 有效<u>带动了</u>餐饮, 住宿等相关产业的快速发展. (G)

시골관광 -의 흥기 유효적 이끌다 외식, 숙박 등 관련 산업 -의 쾌속 발전

(시골관광의 발전은 외식, 숙박 등 여러 관련 산업의 빠른 성장을 <u>이끌었다</u>.)

ㄴ. <u>文化建设</u>有力地<u>推动了</u>全村经济发展. (R)

문화건설 힘차게 밀다 움직이다 온 마을 경제 발전

(문화 건설은 마을의 경제 발전을 대대적으로 <u>추진하였다</u>.)

(34ㄱ)에서 '어린이 독자들'이 '신문 선생님' 때문에 신문 구독을 좋아하게 되었으며 (34ㄴ)에서 야구팀이 우승을 거둘 수 있는 결정적인 원인은 선동열 감독이라고 한다. (35ㄱ)에서 현지 외식, 숙박 등 산업의 성장 원인이 시골 관광의 발전이며 (35ㄴ)은 문화가 발전되면서 경제도 발전되었다는 실정을 나타낸다. (34)에서 사용되는 한국어 동사 '끌어오다, 이끌다', (35)에서 보이는 중국어 동사 '带动, 推动'을 의미적으로 살펴보면 이들 동사가 모두 '대상을 어떤 곳으로 움직이게 하다'는 의미를 가지고 있는 것[83]을 알 수 있다. 즉 (34)와 (35)에서 인과 관계의 역할

---

83 표준국어대사전과 現代漢語辭典을 참조하면, 관련 동사의 의미는 다음과 같다. 끌어오다: 「1」 바닥에 댄 채로 잡아당기면서 오다.

을 맡은 '신문 선생님, 선동열(감독), 乡村旅游的兴起(시골 관광의 발전), 文化建设(문화 사업의 발전)' 등은 해당 대상 또는 현상의 이동을 불러일으키는 힘으로 인식되고 있다.

앞서 살펴본 결과를 종합적으로 분석해 보면, 한국어와 중국어에서 공통적으로 상태 변화의 원인을 장소로나 장소로부터의 이동을 통제하는 힘으로 개념화된다. 이렇게 사물 또는 사람의 이동을 가져오는 힘에서 추상적인 원인으로 사상되는 관계를 '힘-원인' 은유라고 할 수 있다. 이와 같은 '힘-원인' 은유를 바탕으로 한국어와 중국어에 나타나는 은유 표현을 살펴보도록 하겠다.

8.2.1 동사에 의한 은유 표현

동사에 의한 '힘-원인' 은유 표현의 예를 아래와 같이 들 수 있다.

(36) ㄱ. 에인트호번(네덜란드)을 4강에 끌어올린 박지성…
　　　　(J)

「2」 바퀴 달린 것을 움직이게 하여 오다.
「3」 목적하는 곳으로 따라오게 하면서 오다.
이끌다: 「1」 목적하는 곳으로 바로 가도록 같이 가면서 따라오게 하다. 「2」 사람, 단체, 사물, 현상 따위를 인도하여 어떤 방향으로 나가게 하다.
带动: 「1」 通过动力使有关部分相应地动起来。 어떠한 동력을 통해 해당 부분을 움직이게 한다.
「2」 引导使之前进。 앞으로 나가도록 인도한다.
推动: 向前用力使物体前进或摇动。 물체가 앞으로 나가거나 흔들리도록 밀다.
이상의 사전 해석에 따르면 상기 동사들은 '사물 또는 사람 등을 어떤 방향이나 곳으로 움직이게 하다'의 의미 항목을 공통적으로 가지고 있다.

ㄴ. 후반 투입된 오스카가 결승골을 터뜨리며 팀을 승리로 이끌었다. (K)

(37) ㄱ. 移民创业带动经济发展. (G)
이민 창업 이끌다 경제 발전
(이민 창업이 경제의 발전을 이끌었다.)

ㄴ. 消费者的盲目热捧促使进口车价格越炒越高. (R)
소비자 -의 맹목적 열광 -도록 촉진하다 외제차 가격 높아지다
(소비자의 맹목적인 열광이 수입 외제차의 가격을 더욱 비싸지게 만든다.)

ㄷ. 一个出版物带动了同类图书的繁荣发展. (G)
하나 출판물 이끌다 같다 종류 도서 -의 번영 발전
(하나의 출판물이 같은 종류 도서의 번영 및 발전을 이끌었다.)

예(36ㄱ)은 축구 선수인 박지성이 네덜란드 에인트호번 축구팀을 4강에 진출하게 만들었다는 것을 나타냈다. 박지성은 팀을 4강으로 들어서게 한 자로서 그에 의해 행해졌던 '끌어올리다'란 동작, 즉 그러한 힘이 원인으로 인식되고 있다. (36ㄴ)에서는 오스카가 결승골을 넣었기 때문에 팀이 승리를 거두게 되었음을 뜻한다. 그러므로 오스카가 행한 동작, 즉 팀에 가한 '이끌다'는 힘이 결과를 빚어낸 원인으로 인식된다는 것이다. 앞에서 살펴보았듯이 (36ㄱ-ㄴ)은 '끌어올리다'[84], '이끌다' 등 물리적 이동을 뜻

---

84 표준국어대사전 '끌어올리다'의 의미.
끌어올리다: 【…을 …으로】 높은 지위로 올려 주다.

하는 동사로 [원인은 힘]이란 사상을 나타내고 있다.

중국어의 경우도 마찬가지이다. (37ㄱ)과 (37ㄷ)에서 '带动(어떠한 동력을 통해 해당 부분을 움직이게 한다거나 앞으로 나가도록 인도한다는 의미)'이란 동사를 통해 각각 경제 발전의 원인이 이민 창업인 것과 어떤 종류 도서의 발전 원인은 한 권의 책인 것을 보여주었다. (37ㄴ)은 '促使'[85]란 동사로 외제차 가격 인상의 원인을 소비자들의 맹목적인 열광으로 삼았다. 이들은 모두 이동을 뜻하는 동사로 한국어뿐만 아니라 중국어에서도 공통적으로 동사에 의해 '원인-힘'이란 은유가 실현된다.

(36)과 (37)을 통해 볼 때 한국어와 중국어에서 모두 동사에 의해 이루어진 동작, 즉 힘이 대상물의 변화를 일으키는 원인으로 사상된다. 또한 앞서 살펴본 한국어 '이끌다, 끌어올리다, 끌어오다', 중국어 '带动, 促使, 推动' 등 동사가 모두 '어떤 사물이 동작이나 행동을 하게 하는' 사역 동사(causative verbs)인 점이 매우 흥미롭다.

8.2.2 명사에 의한 은유 표현

동사 이외에도 명사에 의해 이루어진 '힘-원인' 은유 표현은

사전에 제시된 의미 항목을 보면 '끌어올리다'는 물리적 이동을 나타내는 동사임을 확인할 수 있다.

85 現代漢語辭典에서 '促使'의 사전적 의미는 다음과 같이 나타난다.

促使: 为达到某一目的而推动对方使之行动. 어떠한 목적을 달성하기 위해 상대방을 움직이도록 밀다. 즉, '促使'란 중국어 동사는 사물의 이동을 일으키는 동사인 것이 분명하다.

아래 예문에 사용된 몇 가지로 나눠 볼 수 있다.

(38) ㄱ. <u>연기</u>는 그에게 인생을 송두리째 바치고 싶은 삶의 <u>원동력이다</u>. (K)

ㄴ. <u>한류</u>는 새로운 삶의 형태와 문화를 창조할 수 있는 <u>원동력이다</u>. (J)

ㄷ. <u>전문 경영인 체제 전환</u>이 미국의 고도성장을 이룬 <u>원동력이었다</u>. (J)

ㄹ. <u>이런 마케팅</u>은 판매가 줄어드는 모터사이클 시장에서 BMW가 성장하는 <u>원동력이 됐다</u>. (J)

ㅁ. 양국 정상이 정상회담에서 한반도 비핵화라는 원칙과 목표에 공감한 것은한반도, 나아가 동북아 지역 평화 안정에 큰 <u>추진력</u>이 될 것이다. (J)

(39) ㄱ. 优秀传统文化<u>成为</u>中国特色社会主义发展的不竭<u>动力</u>. (G)

우수 전통 문화 되다 중국 특색 사회주의 발전 -의 안 마르다 동력

(우수한 전통 문화는 중국 특색 사회주의를 발전시키는 <u>원동력이</u> <u>될</u> <u>것이다</u>.)

ㄴ. 区域经济结构调整的<u>动力来自</u>教育尤其是高等教育. (G)

지역 경제 구조 조정 -의 동력 오다 -로부터 교육 특히 고등교육

(지역 경제 산업구조 조정의 <u>원동력</u>은 교육, 특히 고등교육으로부터 온다.)

ㄷ. 高素质的人才成为企业发展的原动力。(R)
높다 자질 -의 인재 되다 기업 발전 -의 원동력
(고수준의 인재들이 기업 발전의 원동력이 되었다.)

사전에서 제시한 의미 항목을 보면 (38)의 '원동력, 추진력' 등은 모두 어떠한 힘이란 공통점[86]을 가지고 있다. 은유 표현으로 확장된 의미를 보면, (38ㄱ)의 '원동력'인 '연기'는 '인생을 송두리째' 바치게 하는 원인, (38ㄴ)에서 '한류'란 원동력은 '새로운 삶의 형태와 문화를 창조해' 낼 수 있는 원인, (38ㄷ)은 체제 전환이란 원동력으로 '미국이 고도 성장'을 이룬 원인, (38ㄹ)의 '마케팅'이란 원동력은 'BMW가 성장'하는 원인을 의미하고 있다. (38ㅁ)에서는 '비핵화에 대한 공감'이 한반도 또한 동북아 지역에 평화 안정을 가져온 힘이자 원인이다.

(39ㄱ)-(39ㄷ)의 중국어 예문인 '动力, 原动力'도 한국어와 같은 의미이다[87]. 즉 '전통문화, 고등교육, 고수준의 인재' 같은

---

86 표준국어대사전에 따르면 '원동력'과 '추진력'의 의미는 다음과 같다.
원동력:「1」어떤 움직임의 근본이 되는 힘. 「2」『물리』물체나 기계의 운동을 일으키는 근원적인 힘. 열, 수력, 풍력, 화력 따위가 있다.
추진력:「1」물체를 밀어 앞으로 내보내는 힘. 「2」목표를 향하여 밀고 나아가는 힘.
관련 단어의 사전 해석에 모두 어떠한 '힘'이라는 의미 항목이 등재되어 있다.
87 現代漢語辭典에서 '动力, 原动力'의 사전적 의미는 다음과 같이 나타나는데 한국어 '원동력'과 같은 의미이다. 动力:「1」使机械作功的各种作用力, 如风力等。 기계의 운동을 일으키는 각종 작용력. 수력 등이 있다.
「2」比喻推动工作、事业等前进和发展的力量。 일이나 사업이 앞으로 나아가거나 발전하게 하는 힘.
原动力:「1」产生动力的力。 동력을 일으키는 힘.
「2」引申为本因根源。 근본적인 원인 또는 근원.

'动力'이나 '原动力'은 '중국 특색의 사회주의'가 발전하는 원인, '경제 산업구조의 조정'이 일어난 원인, 그리고 '기업 발전'의 원인이다.

(38)과 (39)에서의 한·중 은유 표현을 다시 종합적으로 분석해 보면, 힘을 뜻하는 명사에 의해 [원인은 힘]이란 하위 사상이 이루어졌음을 확인할 수 있다. 명사 중심의 은유 표현의 경우, 한국어와 중국어에서 '무엇이 어떠한 힘이다', '무엇이 어떠한 힘이 되었다' 등 언어 패턴이 많이 사용되고 있다.

8.2.3 문법 요소에 의한 은유 표현

앞서 살펴본 동사, 명사에 의한 은유 표현 이외에도 문법적인 요소에 의해 [원인은 힘] 사상이 이루어진 경우가 있다. 한국어와 중국어의 예를 들자면 다음과 같다.

(40) ㄱ. 그들을 <u>나서게 한</u> 것은 우리 산업에 대한 절박한 위기감이다. (J)
(41) ㄱ. 安倍的挑衅<u>让</u>韩日关系站在悬崖边上 (R)
　　　아베 -의 도발 -게 하다(개사) 한일 관계 서다 -에서 벼랑 끝 위
　　　((일본 수상) 아베의 도발 행위는 한·일 관계를 벼랑 끝에 <u>서게 했다</u>.)
　　ㄴ. G20<u>把</u>全球经济从悬崖边缘拉了回来。(G)
　　　G20 -도록 하다(개사) 전 세계 경제 -로부터 벼랑 끝 끌다 돌아오다

(G20은 세계 경제를 벼랑 끝에서 끌어왔다.)

(40ㄱ)은 '-게 하다' 사동법[88]으로 사람들이 '나라 산업에 대한 절박한 위기감' 때문에 나서게 되었다는 것을 보여주었다. 사동이란 낱말 그대로 사람이나 동물, 사물이 스스로 움직이거나 그 상태에 이르는 것이 아니라, 다른 사람을 시켜서 사람이나 동물, 사물에 움직임이 생기게 하거나 그 상태에 이르도록 하는 것을 말한다. 이렇게 볼 때, (40ㄱ)에서는 문법 요소에 의해 '원인-힘' 은유가 실현되고 있다.

(41)의 예문은 중국어 특유의 문법 형식인 '把'字 구문 및 '让'字 구문[89]으로 각각 '아베의 도발 행위' 때문에 한·일 관계가 긴장해졌다는 사실, 그리고 G20 덕분에 세계 경제가 점차 회복되고 있음을 나타냈다. 또한 (41ㄱ)에서 행위자(Agent)인 '아베의 도발 행위'가 한·일 관계란 피행위자(Patient)에, (41ㄴ)에서 행위자(Agent)인 G20이 피행위자(Patient) 세계 경제에 힘을 가해 해당 변화를 일으켰다. 즉 중국어에서는 '把'字 구문이나 '让'字 구문 같은 문법에 의해 [원인은 힘]이란 사상이 이루어지고 있다.

앞에서 살펴본 예문을 통해 한국어와 중국어에 문법 요소에 의한 '힘-원인'은유 표현이 존재한다는 것을 확인할 수 있다. 한국어와 중국어에서 이러한 표현이 모두 적은 편이지만 중국어는 문

---

[88] '-게 하다' 사동법은 주동문의 서술어에 어미 '-게'를 붙이고 그 뒤에 보조 동사 '하다'를 써서 사동문을 만드는 방법이다.
[89] 사동의 의미를 나타내는 중국어 구문으로 기본 구조는 '주어+把/让+목적어+동작동사'이다. 동작동사가 목적어에 어떠한 영향을 끼쳤다는 의미에서 처치식(處置式)이라고도 한다.

법의 특성으로 인해 한국어보다 약간 많은 것으로 보인다.

'사건'이 대상으로 개념화되어 인식되는 경우, 원인(Causes)은 소유물의 이동을 통제하는 힘(Forces)으로 개념화되어 인식된다. Lakoff&Johnson(1999) 및 Kövecses(2002)에 따르면, 이 하위 은유에 항상 물리적 기여(giving)나 가짐(taking)이 수반된다. 그러므로 이 은유가 언어적으로 실현될 때 원인을 나타내는 표현이 주어(主語) 자리에 오며 행위자(Agent)의 역할을 하게 된다. 또한 이러한 통사적 특징은 행위자가 사람인지 아닌지, 유정 명사인지 아닌지에 관여되지 않는다.[90]

한국과 중국 신문 기사에서 추출한 '원인-힘' 은유에 관한 개념화 표현 양상을 다음과 같은 예를 들어 살펴보겠다.

(42) ㄱ. 관객들이 선수들에게 찬사를 <u>보냈다</u>. (J)
ㄴ. 호남은 민주당에 끝없는 애정과 지지를 <u>보냈다</u>. (J)
ㄷ. 양식어업은 로마인들에게 풍요를 <u>가져다줬다</u>. (J)
ㄹ. 할머니의 용서하는 마음이 이 마을에 평화를 <u>가져다 준</u> 것이다. (K)
ㅁ. 새마을운동은 경제적 발전을 <u>가져온</u> 동시에… (J)

(43) ㄱ. 这一策略将为中国的学术期刊发展<u>注入</u>活力。(R)
전략 -ㄹ 것이다 중국 -의 학술 저널 발전 붓다 들다 활력

---

[90] When this conceptual metaphor(CAUSES ARE FORCES CONTROLLING THE MOVEMENT OF POSSESSIONS) is realized at the linguistic level, a syntactic characteristic is that the phrases expressing causes take the subject position and play the role of agent, no matter whether they are human or not, or animate or not. Yu(1998:219) 참조.

(이 전략은 중국의 학술 저널의 발전에 활력을 불어 넣었다.)

ㄴ. 他给农村发展带来了新观念、新思路、新气象。(R)
그 주다 농촌 발전 가져오다 완료 새 관념 새 생각 새 기상

(그는 농촌 발전에 새로운 이념과 생각, 새로운 분위기를 가져왔다.)

ㄷ. "跳蚤市场" 传递了同学情谊 (G)
'벼룩시장' 전달하다 완료 동창, 학우 정의

('벼룩시장'은 학생들 사이에 우정을 전해 주었다.)

ㄹ. 谁家有了难事, "保伯" 总是最先送去温暖。(R)
누구 집 있다/생기다 완료 어렵다 일 '바오버' 늘 이다 가장 먼저 보내다 온난

(누구한테 어려운 일이 생기면, '보백' 아저씨가 항상 관심을 먼저 보낸다.)

'힘-원인' 은유에서의 '힘'이란 대상의 이동을 통제하는 힘이다. 앞서 논하였듯이 대상의 이동은 사물의 속성 변화를 뜻한다. 그러므로 대상 자체를 이동하도록 하면 속성 또는 상태 변화를 불러일으키게 되며 대상물을 움직이게 한 그러한 힘도 변화의 원인으로 인식된다.

한국어 예문 (42)에서 사용되고 있는 동사들이 사물을 움직이게 한다는 의미를 뜻하는지, 해당 단어들의 사전적 의미를 살펴보기로 한다.

보내다: 「1」 사람이나 물건 따위를 다른 곳으로 가게 하다.

「2」 일정한 임무나 목적으로 가게 하다.
「3」 ('시집'이나 '장가'와 함께 쓰여) 결혼을 시키다.
「4」 사람을 일정한 곳에 소속되게 하다.
가져다주다:「1」 무엇을 옮기다가 가지게 하다.
「2」 어떤 상태나 결과를 낳게 하다.
가져오다:「1」 무엇을 한 지점에서 다른 지점으로 옮겨 오다.
「2」 어떤 결과나 상태를 생기게 하다.

해당 단어들의 사전적 의미를 보면 '보내다, 가져다주다, 가져오다' 등은 공통적으로 '사물을 다른 곳으로 옮기게 하다'는 의미를 가지고 있다. 구체적인 설명을 하자면, (42ㄱ)에서 관객들이 '찬사'를 다른 곳으로 옮김으로써 선수들이 칭찬받게 되었음을 나타내며 (42ㄴ)은 호남 지역의 주민들이 '사랑과 지지'란 사물을 이동하게 함으로 민주당의 변화를 보여주었다. 선수들은 관객들 덕분에 칭찬을 받았고 민주당은 호남 지역 주민들 덕분에 사랑과 지지를 받았다. 그러므로 '찬사'와 '사랑과 지지'를 옮기게 한 힘, 즉 관객과 호남 지역의 주민들이 원인이 된다.

(42ㄷ)에서 양식어업이 '풍요'란 사물을 로마인들에게 오게 해서 로마인들의 삶을 풍요롭게 만들었음을 나타낸다. (42ㄹ)은 '할머니의 용서하는 마음'이 소유물인 '평화'를 마을에 옮기게 했기 때문에 마을이 평화로워졌음을 뜻한다. (42ㅁ)은 '가져오다'란 동사를 사용하여 '새마을운동' 때문에 경제가 발전되었음을 나타낸다. '양식어업', '할머니의 용서하는 마음', 그리고 '새마을운동'은 사물의 이동을 통제하는 힘이자 속성 또는 상태 변화를 불러일으킨 원인으로 인식되기도 한다. [원인은 대상의 이동을

통제하는 힘]이란 사상이 한국어에도 존재한다는 것은 예문 (42)를 통해 입증되었다.

중국어의 예도 같은 방법으로 분석해 보자. 중국어의 해당 동사들의 의미는 아래 와 같다.

注入:「1」灌入。多指抽象事物。추상적인 사물을 넣다.

「2」记入, 记下。기록하다, 적어 놓다.

带来: 随身拿着来。무엇을 몸에 지니고 가져오다.

传递: 传送; 辗转递送。전송하다, 보내다, 여러 손을 거쳐 전하다.

送去: 把东西从甲地运到乙地。물건을 한 지점에서 다른 지점으로 옮겨 가다.

중국어 '注入, 带来, 传递, 送去' 등 단어들의 사전적 의미를 참조하면 모두 '사물을 어디로 옮기게 하다'는 의미를 지니고 있음을 알 수 있다. (43ㄱ)에서 행위자 '策略(책략, 전략)'이 대상인 '活力(활력)'을 이동시켜서 중국 학술 저널을 발전시켰음을, (43ㄴ)은 '他(그 사람)'이 '新气象(새로운 분위기)'을 농촌에 옮겨 와서 농촌의 모습을 바뀌게 하였음을 나타낸다. (43ㄷ)은 '跳蚤市场(벼룩시장)'이 학생들에게 '情谊(정의)'를 전함으로써 학생들로 하여금 서로의 우정을 느끼게 했다. 또한 (75ㄹ)에서 행위자 '保伯(보백 아저씨)'가 '温暖(따뜻함)'이란 대상을 불우 이웃으로 옮기게 해서 이웃들이 사랑과 관심을 받도록 하였다. 속성 또는 상태의 변화를 일으킨 원인은 대상을 이동하게 한 행위자의 힘으로 개념화되어 인식된다.

(42)와 (43)에서 보는 것처럼, 한국어와 중국어에 '힘-원인'

은유가 비슷하게 존재하고 있으며 대상의 이동을 뜻하는 동사로써 원인을 힘으로 개념화하여 인식하게 한다. 또한 앞서 논의한 '힘-원인' 은유 언어적 표현의 통사적 특징도 한국어와 중국어에서 그대로 보여준다. '힘'으로 개념화되어 인식되고 있는 '원인'은 주어 위치에 오며 '원인'에 해당되는 표현은 '관객, 他(그 사람), 保伯(보백 아저씨)' 같은 유정 명사로부터 '호남, 양식어업, 새마을운동, 용서하는 마음, 策略(전략), 跳蚤市场(벼룩시장)' 같은 무정 명사까지 모두 적용 가능하다.

지금까지 한국어와 중국어의 '힘-원인' 은유를 신문 기사에서 추출된 은유 표현과 은유 표현의 실현 방법 분석으로 살펴보았다. 여러 예문을 통해 한국어와 중국어에 사건 구조 은유의 하위 구조인 '힘-원인' 은유도 비슷하게 존재하고 있음을 확인할 수 있었다.

'힘-원인'의 은유적 언어 표현에 있어, 한국어와 중국어는 모두 1) 동사에 의한 은유 표현, 2) 명사에 의한 은유 표현, 3) 문법 요소에 의한 은유 표현인 세 가지로 나눠 볼 수 있다. 이를 표로 나타내면 다음 <표11>과 같다.

은유 언어 표현의 유형	한국어의 예	중국어의 예
동사에 의한 표현	끌어오다, 이끌다, 끌어올리다...	带动, 推动, 促使...
명사에 의한 표현	원동력/추진력이다, 원동력/추진력이 되다...	成为动力/原动力, 动力来自...
문법 요소에 의한 표현	-게 하다	'把'字 구문, '让'字 구문

<표11> 한·중 '힘-원인' 은유 언어 표현 대조 분석

<표11>에서 보는 것처럼 한국어와 중국어에서 '힘-원인' 은유의 언어 표현이 매우 흡사하다. 동사에 의한 '힘-원인' 은유 표현은 한국어와 중국어에서 모두 '어떤 사람, 동물 또는 사물이 동작이나 행동을 하게 하는' 사역 동사(causative verbs)가 대부분이다. 명사에 의한 '힘-원인' 은유 표현의 경우, 한국어와 중국어 모두 접미사 '-力'을 기반으로 한 한자어가 사용되어 용법과 의미는 상당히 유사했다. 세 번째 문법 요소에 의한 은유 표현에 있어서 중국어의 경우 한국어보다 약간 다양한 양상을 보여 주었다. 한국어와 중국어에 '힘-원인' 은유가 비슷하게 존재하고 있으나 구체적인 언어 표현에서는 약간의 차이점이 보인다.

8.3 움직임-행동 은유

'사건'이 구체적인 장소로 개념화되어 인식되는 경우, 행동은 행위자(Agent) 자체 추진적인 이동 또는 움직임으로 개념화되어 인식된다.[91] 추상적인 영역의 행동(Actions)이 구체적인 영역의 자체 추진적인 움직임(Self-Propelled Movements)으로 사상된다.

사실 여기서 '행동'의 개념은 앞서 논의한 '변화' 및 '원인'의 개념과 밀접한 관계를 가지고 있다. 인간이 변화를 만들고자 행동에 옮기고 또한 이러한 행동은 변화를 가져온다. 여기서 행동과

---

91 Lakoff&Johnson(1999:187): In this sub-mapping of ESM in its LOCATION version, actions are seen as movements that an agent carries out under the agent's own force.

변화는 모두 'movements'로 인식되고 있으나 양자 간의 차이도 매우 뚜렷하다. 행동(actions)은 다른 대상의 이동이나 변화를 일으킬 수 있는 자체 추진적인 움직임이며, 반면에 변화(changes)는 일반적으로 어떠한 힘(즉 원인)이나 이동(즉 행동)에 의해 일어난 공간적인 이동이다.

또한 모든 물리적인 이동(physical movement)이 행동(actions)이지만 모든 행동이 물리적인 이동이라고 할 수는 없다. 즉 행동은 이동보다 더 보편적인 개념이다. 이러한 의미에서 행동은 보다 보편적인 틀(general frame)이나 이상적인 인지모형(idealized cognitive model)으로 인식된다(Kövecses:2006). 한국어와 중국어에서 '움직임-행동' 은유에 대한 이해를 돕기 위해, 아래와 같은 표현[92]을 먼저 살펴보자.

(44) ㄱ. 피곤해서 멈추고 싶었지만, 집에서 기다리는 가족을 생각하고 다시 걸음을 내디뎠다.

ㄴ. 환율 개혁에 중요한 발걸음을 내디뎠다. (J)

(45) ㄱ. 他加快了步子, 走到队伍的前面。

그 서두르다 -었 걸음, 걷다 -로 대열 -의 앞쪽

(그는 발걸음을 서둘러 대열의 앞쪽에 나섰다.)

ㄴ. 中国加快了消灭贫困的步伐。(G)

중국 서두르다 소멸하다, 없애다 빈곤 -의 발걸음

(중국은 빈곤을 없애는 발걸음을 서둘렀다.)

(44ㄱ)은 행위자(Agent)가 스스로 앞쪽으로 발을 옮겨 현재

---

[92] 비교를 위해 ㄱ) 한국어 예문은 『표준국어대사전』, ㄱ) 중국어 예문은 『現代漢語辭典』에서 인용하였다.

의 장소에서 집으로 이동한다는 것, 즉 '걸음을 내디디다'는 표현으로 행위자의 자체 추진적인 이동을 뜻한다. 반면 (44ㄴ)에서 '발걸음을 내디디다'는 표현은 실제 물리적인 공간에서의 이동이 아니라 '환율 개혁'에 대한 중요한 조치, 즉 어떠한 행동을 의미한다.

중국어 예문 (45)도 마찬가지이다. (45ㄱ)에서 '그 사람'이 발걸음을 서둘러(加快步子) 원래의 장소에서 대열의 앞쪽으로 옮겼음을 나타낸다. (45ㄴ)에서 '加快步伐(발걸음을 서두르다)'란 표현은 (44ㄴ)처럼 추상적인 행동 또는 조치를 취하는 것을 의미한다. (44)와 (45)에서 보는 것처럼 한국어와 중국어에서 공통적으로 '어떤 조치를 취하다'는 추상적인 행동이 '발걸음을 내디디다'는 구체적인 물리적 움직임으로 개념화된다. 이렇게 구체적이고 물리적인(행위자의 자체 추진적인) 움직임에서 추상적인 행동의 의미로 사상되는 관계가 바로 '움직임-행동' 은유이다. 이상의 분석을 바탕으로 '움직임-행동' 은유의 사상 관계를 간단하게 도식화하면 다음 <표12>와 같다.

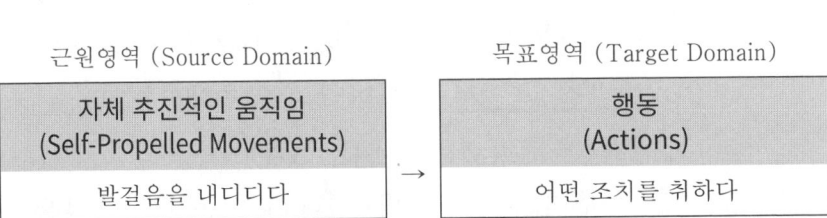

<표12> 한·중 '행동-이동' 은유 도식

Kövecses(2002:244-245)에서 "걷기(발걸음을 내디디기)는 일종의 자체 추진적인 이동이기 때문에 일반적으로 행동을 걸음으로 이해하게 된다. 따라서 이동의 방식은 행동의 방식을 개념

화하는 데 사용될 수 있다"고 주장하고 있다. 또한 '행동-(자체 추진적인) 이동' 은유는 [행동의 방식은 움직임/이동의 방식]이란 함의를 생성하며 여러 방법으로 명시될 수 있다고 논의하기도 하였다. 그 외에 Yu(1998:185)에서도 중국어 '움직임-행동' 은유는 [행동의 방식은 이동의 방식]이란 함의를 가지고 있다고 언급한 바 있다. 종합적으로 볼 때 [행동의 방식은 이동의 방식]이 '움직임-행동' 은유의 핵심 사상이라고 할 수 있다.

이어서 한국어와 중국어 관련 은유의 언어적 표현을 아래와 같이 살펴보며 두 언어의 [행동의 방식은 이동의 방식] 중심 사상에 어떠한 함의가 포함되고 있는지 살펴보도록 하겠다.

8.3.1 행동의 속도는 움직임의 속도

걷기 이외에도 여러 가지 방식으로 자체 추진적인 이동을 이룰 수 있다. 이동의 방식에 따라 이동의 속도도 달라진다. 그러므로 '움직임-행동' 은유의 핵심 사상인 [행동의 방식은 움직임의 방식]에 [행동의 속도는 움직임의 속도]란 함의가 있는 것으로 추정된다. 해당 은유 표현의 예를 아래와 같이 들 수 있다.

(46) ㄱ. KB는 거의 <u>제자리걸음을 했다</u>. (J)
　　 ㄴ. 러시아는 스텔스기 개발에 <u>박차를 가하고 있다</u>. (J)
　　 ㄷ. 국내외 학회에서 <u>큰 발걸음을 내디디고</u> 있는 것이다. (K)
　　 ㄹ. 중국 시장 진출에 <u>강력한 드라이브를 걸었다</u>. (K)
(47) ㄱ. <u>加快</u>铁路走向市场的<u>步伐</u>。(G)

서두르다 철도 걷다 향하다 시장 -의 발걸음
(철도가 시장으로 가는 발걸음을 서둘렀다. (철도의 시장화 경영 가속))

ㄴ. 大步迈向生态农业梦。(R)
크다 걸음 내딛다 향하다 생태 농업 꿈
(생태 농업의 꿈을 향해 발걸음을 크게 옮겼다.)

ㄷ. 美国公司在前两年为满足需求而加足马力生产。(G)
미국 회사 -에 이전 2년 위하다 만족하다 수요 (개사) 가하다 충족 마력 생산
(미국 회사는 최근 2년 동안 수요를 충족시키기 위해 생산에 풀가동을 하였다.)

ㄹ. 中国跳过某些传统发展阶段。(R)
중국 뛰어 넘다 어떠한 전통 발전 단계
(중국은 어떤 전통적인 발전 단계를 뛰어 넘었다.)

(46)과 (47)에서 보는 것처럼, 한국어와 중국어에서 '움직임-행동' 은유는 다양한 언어적 표현에 의해 실현되고 있다. 앞에서 논의하였듯이 행동은 변화를 일으키고자 하게 되며 이러한 행동은 다시 변화를 가져온다. 그러므로 그러한 결과, 즉 행동은 일반적으로 움직임을 나타내는 타동사에 의해 사상된다.

(46ㄱ-ㄹ)에서 각각 '제자리걸음을 하다', '박차를 가하다', '시동을 걸다', '발걸음을 내디디다' 등 타동사 표현으로 자체 추진적인 이동의 여러 가지 방식을 보여 주었다. 이들 움직임 방식의 속도가 어떻게 되어 있는지는 해당 언어 표현의 사전적 의

미[93]를 통해 알아볼 수 있다. '제자리걸음'은 '나아가지 않고 한 자리에 머무르는 것'을 뜻하므로 이동의 속도가 상당히 느리거나 움직임이 없는 것으로 판단될 수 있다. (46ㄱ)에서 이 표현으로 KB가 아무 행동을 취하지 않았다는 것을 은유적으로 나타냈다. (46ㄴ)은 '빨리 달리게 하다'는 의미를 뜻하는 '박차를 가하다'란 표현을 사용하며 러시아에서 스텔스기 개발을 빨리 추진하고 있음을 보여 주었다.

(46ㄷ)은 '큰 발걸음을 내디디다'는 표현으로 '국내외 학회'에서 어떤 분야에서 발전을 크게 이루었음을 뜻한다. (46ㄹ)에서 자동차를 타고 빨리 다닌다는 '강력한 드라이브를 걸다'란 표현을 사용하고 앞에서 논의한 걷기, 달리기 등 방식보다 훨씬 빠른 속도를 보였다. 즉 (46ㄹ)은 한국 기업들이 중국 시장 진출을 대대적으로 추진하고 있음을 의미한다. 속도가 각기 다른 움직임으로 진도가 다른 행동을 의미한다.

중국어의 예를 살펴보자. (47ㄱ)과 (47ㄴ)은 '加快步伐(발걸음을 서두르다)'와 '大步迈向(발걸음을 크게 옮기다)'란 표현으로 속도가 비슷한 물리적 움직임을 보여주고 있다. (47ㄱ)에서 빠른 발걸음으로 철도의 시장화 경영 가속화를, (47ㄴ)에서는 큰 걸음으로 생태 농업의 빠른 발전을 나타낸다. (47ㄷ)에서 사용되는 '加足马力'은 풀가동을 해서 운전한다는 의미로 빠른 움직임의 속도를 뜻하며 (47ㄹ)에서의 '跳过(뛰어넘다)'는 차례를 걸러서 빨리 나아간다는 것을 의미한다. 빠른 행동을 취하는 것이 비교적 빠른 이동 속도로 사상된다.

---

93 표준국어대사전에서 제시한 관련 단어 또는 표현의 의미를 따른다.

제2부 한·중 개념적 은유 표현 대조 연구

(46)과 (47)에서 살펴보았듯이 한국어와 중국어에서 행동의 속도가 움직임의 속도로 사상되어 나타난다. 즉 [행동의 속도는 움직임의 속도]란 은유가 한국어와 중국어에 보편적으로 존재한다고 할 수 있다.

8.3.2 행동의 시작은 움직임의 시작

신문 기사에서 추출한 '행동의 시작'에 관한 은유 표현은 다음 예문에 사용된 몇 가지로 나눠 볼 수 있다.

(48) ㄱ. 모터스포츠가 중국에서 힘차게 첫 시동을 걸었다. (K)

ㄴ. 8번째 우승을 위한 첫걸음을 기분 좋게 내디뎠다. (J)

ㄷ. 구옥희가 한국 여자골프의 첫걸음을 뗐다고 할 수 있다. (J)

(49) ㄱ. 佛教界在自身建设中迈出新步伐。(R)
불교계 있다 자신 건설 -중 내딛다 새롭다 발걸음
(불교계는 자체 발전에 있어 새로운 걸음을 내디뎠다.)

ㄴ. 努力走出一条富民的新道路。(G)
열심히 걷다 나가다 하나 '길, 도로'의 양사 -의 새롭다 도로
(국민들이 풍요롭게 살 수 있도록 새로운 길을 걷게 된다.)

(48)에서 '첫 시동을 걸다', '첫걸음을 내디디다', '첫걸음을 떼

다' 등 물리적 움직임의 시작을 뜻하는 표현[94]으로 어떤 일의 시작, 즉 행동의 시작을 표현하였다. (48ㄱ)에서 '첫 시동을 걸다'는 모터스포츠가 중국에서 힘차게 시작을 하였음을 나타내며 (48ㄴ)에서는 '첫걸음을 내디디다'라는 표현으로 8번째 우승을 위해 노력한다는 것을 의미한다. (48ㄷ)은 걷기를 시작한다는 의미의 '첫걸음을 떼다'로 구옥희 선수가 한국 여자골프를 처음으로 시작하였음을 보여 주었다. (48)의 예문을 통해 한국어에서 '첫걸음을 내디디다', '첫걸음을 떼다' 등의 형태로 일반적으로 움직임의 시작은 행동의 시작을 뜻한다는 '움직임-행동' 은유가 나타나는 것을 확인할 수 있다. 요컨대 이는 [행동의 시작은 움직임의 시작]이라는 하위 사상이다.

중국어의 예를 살펴보자. (49)는 중국어에서 이동 시작을 뜻하는 '迈出新步伐(새로운 걸음을 내디디다), 走出新道路(새로운 길을 걷다)'로 '불교의 새로운 발전을 이루기 위해 노력을 시작하다'는 것과 '국민들이 풍요롭게 살 수 있는 방법을 찾아내기 시작하다'는 것을 나타내고 있다. 한국어에서 '첫'으로 시작을 표현하는 반면 중국어에서는 '新(새롭다)'이란 표현으로 어떠한 일을 시작한다는 의미를 보여주고 있다.

(48)과 (49)에서 보는 것처럼, 비록 구체적인 언어 표현이 다르지만 한국어와 중국어에서 공통적으로 행동의 시작이라는 추상적인 개념이 구체적인 물리적 이동의 시작으로 사상된다. 사전

---

[94] '첫걸음을 내디디다' 및 '첫걸음을 떼다'는 접두사 '첫'이 포함되어 있으므로 걷기를 시작한다는 의미를 지닌다. 또한 표준국어대사전에 등재된 의미 항목에 따르면, '시동'이란 처음으로 움직이기 시작함을 뜻한다. 그러므로 '시동을 걸다'도 움직임의 시작, 즉 이동의 시작을 의미한다.

에서 한국어 '첫'과 중국어 '新'의 의미를 확인해 보면, 모두 '전에 없던, 처음'이란 공통점을 가지고 있다[95]. 그러므로 (48), (49)에서 추출된 하위 은유는 [행동의 시작은 전에 없던 새로운 움직임]이라고도 말할 수 있다.

8.3.3 조심스러운 행동은 조심스러운 움직임

'조심스러운 행동'에 해당되는 은유 표현은 아래 (50)과 (51)의 예문을 통해 살펴볼 수 있다.

(50) ㄱ. 모두가 힘을 합쳐 <u>한 걸음씩 나아간다면</u> 새로운 기회이자 도전의 장이 될 것이다. (J)

ㄴ. 임시정부 요인들이 힘겹게 <u>한 걸음씩을 내디딘</u> 고난의 순간. (J)

(51) ㄱ. <u>有序推进</u>农业转移人口市民化。(G)

있다 질서 추진하다 농업 전이 인구 시민화

(농촌 전이 인구의 시민화를 <u>차례대로 추진한다</u>.)

ㄴ. 中美双方都要<u>一步一个脚印地推进</u>新型大国关系建设。(G)

중·미 양측 모두 한 걸음 한 개 발자국 부사형 조사 신형 대국관계 건설

---

95 표준국어대사전 및 現代漢語辭典을 참조하면, 한국어 '첫'과 중국어 '新'의 의미는 다음과 같다. 첫: 맨 처음의.
新: 初始的, 没有过的。 처음 시작된, 전에 없던.
'첫'의 사전 해석에 '전에 없던'란 직접적인 의미 표현은 없지만 '처음'의 의미를 포함한다는 점에서 '전에 없던' 것으로 간주할 수 있다.

(중·미 양국은 <u>한 걸음 한 걸음으로</u> 새로운 대국 관계 구축을 차근하게 <u>추진해야 한다</u>.)

ㄷ. 他们正沿着宏大计划<u>一步步前进</u>。(R)

그들 -고 있다 따르다 웅대하다 계획 한 걸음씩 전진하다

(그들은 웅대한 계획을 따라 <u>한 걸음씩 나아가고 있다</u>.)

(50ㄱ)에서 '한 걸음씩 나아가다'는 움직이는 방식으로 '일을 조심스럽게 조금씩 추진하다'는 추상적인 행동을 나타낸다. (50ㄴ)에서 '한 걸음씩 내디디다'는 표현으로 '임시정부 요인들이 힘겨운 상황에서 조심스럽게 행동을 취하다'는 역사적 사실을 보여주고 있다. 한 걸음 한 걸음 걷는다는 것은 일반적인 걷기에 비해 더 느리고 조심스러운 느낌을 준다. 이는 사람의 이동 경험에 근거하고 있다. 조심스럽고 신중하게 하면 너무 빨리 움직일 수 없다는 물리적 경험에 근거하여 '한 걸음씩 나아가다/내디디다'란 조심스러운 움직임은 조심스러운 행동으로 사상된다. (51ㄱ-ㄷ)의 중국어 예문에서 '有序推进'은 '차례대로 추진하다'는 의미를, '一步一个脚印'은 '한 걸음을 내디디면 발자국 하나 남다', 즉 '한 걸음 한 걸음 신중하게 움직이다', '一步步'는 '한 걸음씩 나아가다'는 것을 뜻한다.

이러한 표현으로 각각 '농촌 전이 인구의 도시화를 차례대로 추진하다', '중·미 양국이 새로운 대국 관계 구축을 신중하게 추진하다', 그리고 '웅대한 계획을 따라 점차 노력하다'는 의미를 나타냈다. 중국어에서도 신중하고 조심스러운 행동이 느리고 조

심스러운 물리적 움직임으로 개념화되어 인식되고 있다.

(50)과 (51)을 통해 볼 때 한국어와 중국어에 [조심스러운 행동은 조심스러운 움직임]이란 하위 은유가 공통적으로 존재한다는 것을 확인할 수 있다. 은유의 언어 표현으로 살필 때, 한국어에서 '한 걸음씩 나아가다/내디디다'란 표현이 극히 제한적으로 사용되고 있는 반면 중국어에서는 '有序推进, 一步一个脚印, 一步步' 등 보다 다양한 표현들이 사용되고 있다.[96]

이어서 '사건'이 구체적인 대상으로 개념화되어 인식될 때, 행동이 어떻게 개념적으로 표현되고 있는지 살펴보고자 한다.

사건 개념적 은유의 이중성에 따르면, 사건이 대상으로 개념화되는 경우에도 '움직임-행동'이라는 하위 사상이 존재한다. 여기서 말하는 '움직임'은 행위자가 아닌 소유물의 움직임이다. 대상이 행위자로 움직이면 획득, 행위자로부터 움직이면 상실이다. 그러므로 이 사상은 대상 사건 구조 은유에서 '획득/상실-행동' 은유라고도 한다.

주의해야 할 점은 '획득/상실-행동' 은유에서의 이동이 앞서 논의한 '변화-(대상의) 이동' 은유에서의 이동과 다르다는 것이다. '이동-변화' 은유에서 이동이란 대상물이 행위자로나 행위자로부터의 자리 옮김을 뜻한다. 그러나 '획득/상실-행동' 은유에서 이동은 소유물의 자제적인 움직임, 즉 자제적인 획득 또는 상실을 의미한다. 따라서 대상 중심의 사건 구조 은유에서 '움직

---

96 3개월 동안 수집한 자료를 보니, 한국어에는 '한 걸음씩 나아가다'처럼 조심스러운 이동을 뜻하는 표현이 많이 보이지 않고 말뭉치에서도 대응 표현을 검색해 낼 수 없다. 그러나 중국어에는 앞에서 논의한 '有序推进, 一步一个脚印, 一步步' 이외에도 '稳妥推进, 缓步进行' 등 다양한 표현을 많이 사용하고 있다.

임-행동' 은유는 [행동은 자제적인 소유물 획득 또는 상실] (ACTIONS ARE SELF-CONTROLLED ACQUISITIONS OR LOSSES)이다.

한국어와 중국어에 나타나는 '움직임-행동' 은유 표현은 신문 기사에서 추출한 예를 통해 살펴보도록 한다.

(52) ㄱ. 그는 귀족 계급의 특권을 <u>버렸다</u>. (J)
ㄴ. 업계 사람들이 강박관념을 <u>버렸다</u>. (J)
ㄷ. 삼성전자는 수십년 간 유지해온 컨베이어 생산방식을 <u>버렸다</u>. (J)
ㄹ. 금 현물시장에서 시장에 공급되는 수입금의 관세를 <u>없애는</u> 한편… (K)
ㅁ. 삼성그룹이 선진 기술을 <u>받아들였다</u>. (J)
ㅂ. 경제·관리 제도를 적극적으로 <u>받아들이며</u> 투자자들을 안심시켰다. (J)

(53) ㄱ. <u>抛弃</u>短视与功利 (R)
버리다 단시 및 공리
(공리와 근시안적인 태도를 버리다)

ㄴ. 中国充分<u>吸取</u>发达国家灾害救援的经验和教训。(G)
중국 충분히 흡수하다 발달 국가 재해 구조 -의 경험 -와 교훈
(중국은 선진국으로부터 재해 구조의 경험과 교훈을 받아들였다.)

ㄷ. 全市为<u>根除</u>污染, 投入造林绿化资金10亿元。(G)
전시 위하다 근절하다 오염 투입하다 조림 녹화 자금

10억 위안

(오염을 철저히 없애기 위해, 조림 사업에 10억 위안을 투자했다.)

'자제적인' 획득 또는 상실이란 행위자도 모르게 대상물을 가지거나 잃게 된다는 것이 아니라 행위자가 의도적으로 대상을 가지려거나 버리려고 하는 것이다. (52)와 (53)에 나오는 한국어와 중국어 동사의 사전적 의미를 살피며 '의도적, 의식적'이란 특성을 가지고 있는지 확인해 보겠다.

버리다: 가지거나 지니고 있을 필요가 없는 물건을 내던지거나 쏟거나 하다.

없애다: '없다'의 사동사.

사람이나 사물 또는 어떤 사실이나 현상을 어떤 곳에 자리나 공간을 차지하고 존재하지 않게 하다.

받아들이다: 「1」 사람들에게서 돈이나 물건 따위를 거두어 받다.

「2」 다른 문화, 문물을 받아서 자기 것으로 되게 하다.

抛弃: 丢弃; 扔掉。 내다 버리다, 던져 버리다.

吸取: 「1」 把液体或气体等吸进来。 액체나 기체를 들이마시다.

「2」 吸收采取。 흡수하고 취하다.

根除: 彻底铲除。 뿌리 째 뽑다. 철저하게 제거하다.

'잃다' 등 단어는 '자신도 모르게'란 뜻을 가지고 있으므로 '통제 결핍'이란 의미 특징을 지닌다. 그러나 여기서 제시한 사전적 의미를 보면, (52)와 (53)에서 사용되는 단어들은 '우연적'이 아니라 '의도적', 또는 '의식적'이란 의미를 뜻한다. 한국어 '버리다'

와 중국어 '根除'를 예를 들어 설명하자.

우리의 일상 경험에 근거하면, 무엇을 버리려면 우선 가지고 있었던 물건을 찾아 내야 하며 그 다음 나중에 물건의 필요 여부를 확인해야 한다. 가지고 있을 필요가 없는 사물로 판단되어야만 버리게 된다. 즉 '버리다'의 과정에서 행위자가 여러 차례의 확인 및 판단을 해야 한다. 따라서 '버리다'는 우연적이 아닌 의도적인 의미를 지닌다.

중국어 '根除(철저히 제거하다)'의 낱말 의미로 보면 '根'은 뿌리, '除'는 제거하다는 의미이다. '뿌리'란 의미가 포함되어 있는 것으로 보면 이는 식물과 연관되어 있는 동사이다. 식물 하나를 완전히 제거하려면 뿌리까지 뽑아내야 된다. '뽑다'는 동사 자체가 우연적일 수 없으므로 행위자가 스스로 통제하여 행한 동작임을 확실히 알 수 있다.

한국어 예문 (52ㄱ-ㄷ)은 행위자인 '그 귀족', '업계 사람들', '삼성전자'가 각각 대상인 '특권, 강박관념, 오래된 생산방식'을 의도적으로 상실하였다. 이처럼 소유물에 대한 의도적인 상실은 '계급 혁명', '생각의 바꿈', '생산방식 혁신' 등 행동을 뜻한다. (52ㄹ)에서 '관세'에 대한 의도적인 상실로 금 현물시장에서의 행동을 나타낸다. (52ㅁ)과 (52ㅂ)은 다른 행위자로부터 '선진 기술' 또는 '관리 제도'를 의도적으로 받음으로써 행위자의 '기술 혁신' 및 '제도 혁신' 행동을 개념화하여 인식하게 한다.

(53ㄱ)에서 '抛弃(포기하다, 버리다)'란 동사를 활용해서 '短視(근시안적), 功利(공리적인 태도)' 같은 소유물을 의도적, 의식적으로 상실함을 나타내며 공명(功名)과 이욕(利慾)에만 집중

하려고 하지 않는 행동을 개념화한다. (53ㄴ)은 중국이 의식적으로 선진국으로부터 재해 구조의 경험을 배운다는 행동을, (53ㄷ)은 어느 시에서 조치를 취해 오염된 환경을 다스린다는 행동을 뜻하고 있다.

이상으로 한국어와 중국어의 '획득/상실-행동' 은유를 신문 기사에서 추출된 은유 표현과 '버리다/抛弃, 없애다/根除, 받아들이다/吸取' 등 동사의 사전적 의미 분석으로 살펴보았다. 한국어와 중국어의 사전 의미 분석과 은유 표현의 비교를 통해, 한국어와 중국어에 [행동은 자제적인 획득 또는 상실] 하위 사상이 비슷하게 존재함을 알 수 있었다.

본 절에서는 한국어와 중국어의 '움직임-행동' 은유를 신문 기사에서 추출된 은유 표현을 통해 살펴보았다. 한국어와 중국어의 은유 표현의 비교와 관련 어휘의 사전 의미 분석을 통해 한국어와 중국어에 [행동은 자체 추진적인 움직임]이란 사상이 비슷하게 존재함을 알 수 있었다. 또한 '움직임-행동' 은유의 핵심 사상을 [행동의 방식은 이동의 방식]으로 추정하였고 그 안에 내포되어 있는 함의(entailment)를 아래와 같은 세 가지로 나눠서 논의하였다. 첫째, [행동의 속도는 이동의 속도], 둘째, [행동의 시작은 이동의 시작], 셋째, [조심스러운 행동은 조심스러운 이동]이다.

한국어와 중국어의 '움직임-행동' 은유가 비슷하게 존재하되 실제 사용되고 있는 언어 표현은 약간 다른 양상을 보여 주었다. [행동의 방식은 움직이는 방식]이란 함의에서 한국어와 중국어가 모두 움직임을 뜻하는 타동사로 행동의 방식을 개념화하였지만 [행동의 시작은 움직임의 시작]인 사상에 있어서 한국어와 중국어의 표현이 다르다. 한국어는 '첫'으로 시작을 표현하는 반면 중국어에서는 '新(새롭다)'이란 표현으로 어떠한 일을 시작한다는 의미를 나타냈다. 또한 조심스러운 움직임을 뜻하는 언어 표현에도 차이가 보인다. 한국어에서 '한 걸음씩 나아가다/내디디다'란 표현이 극히 제한적으로 사용되고 있지만 중국어에서는 '有序推进, 一步一个脚印, 一步步' 등 보다 다양한 표현들이 사용되고 있다.

8.4 목적지-목적 은유

구조적 은유의 하위 은유들이 서로 고립되지 않고 크게 연관되어 있다. 앞에서 논의하였듯이 추상적인 행동이 구체적인 물리적 이동으로 사상되어 인식된다. 그러므로 이동의 목적지는 행동의 목적을 개념화하는데 사용될 수 있다. 즉, 하위 사상 '목적지-목적'에서 행동의 목적이나 목표는 이동 과정에서 바라는 장소나 위치로 개념화되어 인식된다.

또한 목적 달성 과정이라는 개념은 목적지로 간다는 인간의 경험과 연관되어 있다. 우리가 무엇을 하기 원한다면 그 일을 해내기 위해 대개 어떤 특정한 장소로 가야 한다. 예를 들어, 맥주를 마시고 싶다면 맥주를 사러 가게에 가든지, 아니면 술집에 가서 마셔야 한다. 즉, 목적을 이루기 위해 목적지에 가는 것이 요구된다. 이런 의미에서, 목적이나 목표의 개념은 목적지에 가는 것과 체험적으로 상관되어 있다(Kövecses 2002:124).

한국어와 중국어에서 '목적지-목적' 은유가 어떻게 실현되고 있는지 다음의 예를 통해 살펴보고자 한다.

(54) ㄱ. 방송대 고유의 '열린 대학' 이미지에 한 걸음 더 가까이 다가선다. (J)

ㄴ. 젊은이들이 그 목표를 향해 부지런히 뛴다. (J)

ㄷ. 꿈을 향해 나아가는 상상... (K)

(55) ㄱ. 最优主义者在奔向目标的同时, 还会享受过程中美好的一切。(G)

최적주의자 있다 달리다 향하다 목표 -의 동시 그리고 -ㄹ 것이다 누리다 과정 -중 아름답고 좋다 -의 일체

(최적주의자는 목표를 향해 달려가는 동시에 그러한 과정에서 만난 모든 아름다움을 즐길 줄 안다.)

ㄴ. 当前, 中国正在朝着"两个一百年"和中国梦的目标前进。(G)

현재 중국 -고 있다 향하다 '2개 백년' -와/과 중국 꿈 -의 목표 전진하다

(현재 중국은 '2개의 백년'과 '중국의 꿈'이란 목표를 향해 전진하고 있다.)

ㄷ. 埃及正致力于迈向美好的明天。(R)

이집트 -고 있다 힘쓰다 -에 내딛다 향하다 아름답다 -의 내일

(이집트는 아름다운 내일로 나아가는 데 힘을 쓰고 있다.)

ㄹ. 公安工作的<u>出发点</u>和<u>归宿</u>在于维护人民权益、为人民服务。(R)

공안 업무 -의 출발점 -과 귀착점 -에 있다 지키다 인민 권익 위하다 인민 봉사

(치안 업무의 <u>출발점과 귀착점은</u> 국민의 권익을 지키고 국민을 위해 봉사를 하는 데 있다.)

ㅁ. 为了<u>攀上科技的高峰</u>不断努力。(R)

위하다 등반하다 과학 기술 -의 높다 봉우리 부단히 노력하다

(과학 기술의 <u>꼭대기를 오르기</u> 위해 끊임없이 노력하고 있다.)

한국어의 예문 (54)를 볼 때, 바라는 위치를 뜻하는 명사가 '목표'[97]밖에 없지만 '다가서다, 뛰다, 나아가다' 등 어디를 향해 이동한다는 것을 의미하는 동사[98]가 사용되고 있다. 예문에 나오는 '이미지, 꿈' 등 표현들이 '장소'를 뜻하지 않지만 뒤에 오는 동사

---

[97] 표준국어대사전에 등재된 '목표'의 의미는 아래와 같은데 두 번째 의미 항목으로 보면 '장소'란 의미를 지니고 있음을 확인할 수 있다.

「1」 어떤 목적을 이루려고 지향하는 실제적 대상으로 삼음. 또는 그 대상. 「2」 도달해야 할 곳을 목적으로 삼음. 또는 목적으로 삼아 도달해야 할 곳. 「3」 『심리』행동을 취하여 이루려는 최후의 대상.

[98] 표준국어대사전을 참조하면, 관련 단어의 의미는 다음과 같다.

다가서다: 「1」 어떤 대상이 있는 쪽으로 더 가까이 옮기어 서다. 「2」 일정한 기준에 가까이 감

뛰다: 「1」 발을 몹시 재게 움직여 빨리 나아가다.

「2」 어떤 자격으로 일하다.

나아가다: 「1」 앞으로 향하여 가다. 또는 앞을 향하여 가다. 「2」 일이 점점 되어 가다. 「3」 목적하는 방향을 향하여 가다.

와 결합될 때 '장소' 같은 성질을 갖게 된다. 즉 '어디를 향해 가다'를 뜻하는 표현으로 각각 '방송대에서 열린 대학이란 목표를 이루어 가고 있음', '꿈이나 목표를 이루기 위해 노력하고 있음'을 나타냈다.

(55ㄱ-ㄷ)중국어 예문에서 사용되고 있는 '奔向(어디로 달려가다)', '朝着目标前进(어떤 목표를 향해 전진하다)', '迈向(어디로 걸어가다)' 등 표현도 한국어와 뜻이 비슷하다. 모두 '어디를 향하여 움직이다'는 의미를 가지고 있다. 이런 은유 표현으로 각각 '목표를 이루어 가다', '중국이 2개의 백년과 중국의 꿈이란 목표 실현을 위해 노력하다', 또는 '이집트가 아름다운 미래를 만들기 위해 힘을 쓰다'는 확장된 의미를 의미하고 있다.

또한 (54ㄹ-ㅁ)의 중국어 예문은 '归宿(사람 또는 사물이 마지막으로 가는 방향)'과 '高峰(높은 산봉우리)'이란 표현으로 각 '치안 업무의 최종 목적'과 '크게 발달된 과학 기술이란 목표'를 나타냈다. 행동을 통해 이루고자 하는 목표나 목적이 물리적 이동에서 바라는 장소로 사상되어 인식되고 있다. 중국어에 [목적은 목적지]란 은유가 존재하고 있음을 확연히 보여주었다.

(54)와 (55)를 통해 볼 때 한국과 중국에서 달성하고자 하는 목표나 목적이 물리적 이동에서 가려고 하는 장소로 개념화된다. 또한 (54ㄹ-ㅁ)에서 보는 것처럼, 한국어에서 주로 '어디를 향해 움직이다'를 나타내는 동사가 쓰이지만 중국어에서는 '归宿, 高峰' 같은 명사 은유 표현도 쓰이고 있어 어휘가 더 다양하게 실

'다가서다, 뛰다, 나아가다'의 사전적 해석을 보면 공통적으로 '어디를 향하여 가다'는 의미 지님을 알 수 있다.

현됨을 알 수 있다.

8.5 경로-수단 은유

'사건'이 이동으로 구조화되어 인식되면, 사건의 변화를 일으키는 수단은 목적지로 가는 경로로 이해된다. 영어의 경우, 낱말, '통해서(through)'에 대한 이해는 경로의 개념을 요구한다. 이외에도 별개인 여러 종류의 경로가 있는데, 이 경로들 중의 일부는 은유적으로 사용된다. 가장 흔히 영어에서 '노선(route)'과 '길(road)', '대로(avenue)'라는 낱말들과 '경로(path)'라는 낱말 자체가 이 목적을 위해 사용된다(Kövecses 2002:247). 한국어와 중국어에서 경로의 개념이 어떻게 은유적으로 사용되고 있는지 살펴보고자 한다.

(56) ㄱ. 일본의 관방 장관은 기념관 개설과 관련, 한국과 중국에 대해 외교 <u>루트</u>를 통해 유감을 전달했다. (J)

ㄴ. <u>활로(活路)</u> 막힌 기업들 (J)

ㄷ. 미국 경제가 다시 성장 <u>궤도</u>에 오를 것으로 내다보고 있다. (J)

ㄹ. 공식 <u>통로</u>가 막힌 은행은 장부 외 거래로 이들에게 돈을 대고 있다. (K)

ㅁ. 경주세계문화엑스포조직위는 이를 <u>발판</u>으로 이스탄불-경주엑스포를 차질없이 준비했다. (K)

ㅂ. 그 시대 미술을 알기 위해서는 유교사상을 아는 게 <u>지름길</u>이다. (K)

(57) ㄱ. 坚持和平发展道路。(G)
　　　 견지하다 평화 발전 도로
　　　 (평화 발전의 도로를 고수한다.)

ㄴ. 拓宽投资渠道。(G)
　 넓히다 투자 관개 수로
　 (투자의 통로를 넓힌다.)

ㄷ. 国产品牌手机走上了发展的快车道。(G)
　 국산 브랜드 휴대폰 내딛다 오르다 완료 발전 -의 빠
　 르다 차선
　 (국산 브랜드 휴대폰은 발전의 빠른 차선에 올랐다.)

ㄹ. 成都市将搭建政民互动桥梁。(R)
　 청두시 -ㄹ 것이다 세우다 정부 민간 상호 교류 교량
　 (청두시에서 관민 교류의 다리를 세울 것이다.)

ㅁ. 国家开始走上正轨。(R)
　 나라 시작하다 걷다 오르다 본궤도
　 (나라가 본궤도에 오르기 시작했다.)

ㅂ. 致富门路也各不相同。(R)
　 치부 문 길 -도 각기 않다 같다
　 (치부(致富)의 길(문과 길)도 각기 다르다.)

예(56)과 (57)에서 한국어와 중국어 경로의 개념들이 은유적으로 널리 사용되고 있음을 보여주고 있다. 먼저, (56ㄱ-ㅂ)에 쓰이는 한국어 표현과 (57ㄱ-ㅂ)에 나타나는 중국어 표현의 사전적 의미를 살펴보기로 한다. 표준국어대사전에 나타난 한국어 표현의 정의와 現代漢語詞典에 나타난 중국어 표현의 정의를 정리하면 다음과 같다.

　루트: 물품이나 정보 따위가 전하여지는 경로. '통로'로 순화.

　활로: 곤란을 헤치고 살아 나갈 수 있는 길.

　궤도: 수레가 지나간 바큇자국이 난 길. 선로.

　통로: 통하여 다니는 길.

　발판: 어떤 곳을 오르내리거나 건너다닐 때 발을 디디기 위하여 설치해 놓은 장치.

　지름길: 멀리 돌지 않고 가깝게 질러 통하는 길.

　道路: 地面上供人或车马通行的部分。

　(사람이나 차, 말 따위가 통행할 수 있도록 만들어 놓은 부분)

　渠道: 在河,湖或水库等周围开挖的水道, 用来排灌。

　(관개의 목적으로, 강이나 호수, 댐 주변에 파 낸 수로.)

　车道: 车马往来的道路。(차나 말이 다니는 길.)

　桥梁: 一种架空的通道。(공중에 가설한 통행 도로. 다리.)

　正－轨: 바르거나 옳다. 供火车电车等行驶的路线。(기차 따위가 다니는 궤도.)

　门－路: 指门或指路。(문 또는 길.)

　위에서 보는 것처럼 예(56)과 (57)에서 사용되는 언어 표현은 모두 '길', 즉 '경로'의 의미를 뜻한다. 한국어 예문 (56ㄱ－ㅂ)은 각각 '루트', '활로', '궤도', '통로', '발판', '지름길' 등 경로의 개념으로 '외교를 통해 문제를 해결하는 방법', '치열한 경쟁에서 살아남는 수단', '미국 경제 회복의 방법', '대출을 받는 방법', '어떤 일을 해내는 방법', '가장 빠른 방법'을 나타냈다. 중국어 예문도 마찬가지다. (57ㄱ－ㅂ)에서 '道路(도로, 길), 渠道(관개 수로),

车道(차선), 桥梁(교량, 다리), 正轨(궤도, 본궤도), 门路(문과 길)' 등 중국어 경로의 개념을 통해 '발전의 수단', '투자의 방법', '빠른 발전', '정부와 시민들을 연결시키는 다리 역할', '국가 발전의 올바른 방향', 그리고 '부자가 되는 방법'을 뜻하였다. 한국어와 중국어에서 공통적으로 '수단'이 '경로'의 개념을 통해 인식된다.

한국어와 중국어의 이러한 은유에 사용되는 언어 표현을 살펴보자. 실제 3개월 동안 수집한 자료를 보면, 한국어에는 '발판, 지름길' 등 표현이 많이 사용하고 있지만 중국어 자료에서는 이러한 표현이 들어 있는 문장이 없었다. 그러나 말뭉치에서 대응 표현을 검색한 결과, 중국어에도 '跳板(뛰다, 판. 발판.), 捷径(가까운 길)'이란 표현이 활발하게 사용되고 있다.[99] 그러나 이와 달리, 중국어에서 활발히 사용되고 있는 '渠道(관개 수로), 车道(차선), 桥梁(교량, 다리), 门路(문과 길)' 등 표현은 한국어에서는 거의 쓰이지 않는다.[100] 또한 중국어에서 '门(문)'과 관련된 경로의 개념들이 은유적으로 굉장히 활발하게 사용되고 있다는 점이 매우 흥미롭다. 예(65ㅂ)의 '门路' 이외에, '门径(문과 길)', '门道

---

99 말뭉치에서 다음과 같은 문장을 검색해 냈다.

ㄱ. 他们把联合企业当跳板, 参与国内外市场的竞争。
(그들은 연합기업을 발판으로 국내외 시장 경쟁에 참여했다.)

ㄴ. 经济发展不能走捷径。
(경제 발전에 있어서 지름길을 가면 안 된다.)

100 조선일보에서 다음과 같은 문장을 찾았지만 중국과 관련된 기사에서 쓰이는 말이라는 점에 중국어 번역투의 영향으로 사용하게 되었다는 느낌이 든다. 실제 자료에서도 말뭉치에서도 이와 비슷한 표현을 보이진 않았다. ㄱ. 중국이 앞으로 지속 가능한 성장을 하려면 다리를 4개 건너야 한다.

(문과 도로)', '后门(후문, 뒷문. 뒷거래를 뜻함.)', '歪门邪道(비뚤어진 문과 길, 정당하지 못한 수단을 뜻함)' 등 많은 은유 표현이 사용되고 있으며 한국어와 차이를 보인다.

 8장에서는 사건의 상태 변화, 변화 원인, 변화의 결과, 변화의 방법 등 여러 가지 양상을 구조적 은유의 이론과 연관시켜서 살펴보았다. 동사의 사전적 의미 비교와 용례 기술을 통해 한국어와 중국어 구조적 은유 표현의 공통점과 차이점을 알아보았다. 이어서 존재론적 은유 이론에 입각하여 한국어와 중국어 개념적 은유 표현을 대조 분석하겠다.

9. 한·중 존재론적 은유 표현 대조 분석

앞에서 논의하였듯이 존재론적 은유는 '사건, 행동, 활동, 상태'를 '대상'이나 '물질'로 개념화하는 현상을 가리킨다. 추상적인 사건을 구체적인 대상을 통해 개념화하여 인식한다. 이처럼 사건이나 상태의 존재론적 은유를 구성하는 개념적 은유들로서, [속성은 사물], [변화는 대상의 이동], [목적 또는 목표는 갖고 싶은 대상물], [어려움은 장애물] 등이 포함되어 있다.

우리는 이 존재론적 은유에 의해 특정 '사건'이나 '상태'를 지시할 수 있고 범주화할 수 있으며 양화할 수 있다. 본격적인 논의를 시작하기 전에, 우선 다음과 같은 몇 가지 예[101]를 보면서 '사건'을 '사물'로 어떻게 개념화하는지 살펴볼 것이다.

(58) ㄱ. 자신의 일에 <u>자부심을 가지세요</u>.

　　ㄴ. <u>자신을 잃었다</u>.

　　ㄷ. 불우한 이웃에게 사랑의 <u>손길을 보냅시다</u>.

(58ㄱ)은 '자부심을 가지다'란 표현으로 자신이 하는 일에 대해 스스로 그 가치를 믿고 당당히 여긴다는 의미를 뜻한다. 사전

---
101 관련 예문은 표준국어대사전에서 추출하였다.

에 따르면, '가지다'란 무엇을 소유한다는 의미를 지니는 단어이다. 즉, 여기서 '자신이 하는 일에 대해 스스로 그 가치를 믿고 당당히 여기다'라는 속성이 구체적인 대상(여기서는 '자부심')에 대한 소유로 사상되어 인식된다. (58ㄴ)에서는 '가졌던 물건이 자신도 모르게 없어져 그것을 갖지 아니하게 되다', 즉 대상의 이동을 뜻하는 '잃다'로 속성의 변화를 보여 주었다. 또한 (58ㄷ)에서 '물건을 다른 곳으로 가게 하다', 즉 소유물에 대한 상실을 의미하는 '보내다'로 불우한 이웃을 돕자는 행동을 개념화하였다. (58ㄱ-ㄷ)은 공통적으로 '사건'의 개념을 나타내는 것들로 이러한 개념을 표현하기 위해 '사물'과 관련된 서술어 '가지다, 잃다, 보내다'와 같은 낱말들이 사용되었는데, 이는 [사건은 사물]의 개념적 은유가 작용하기에 가능한 것이다.

이 장에서는 한국어와 중국어 존재론적 은유의 언어적 표현을 신문에서 추출한 예문을 통해 살펴보고 이들의 공통점과 차이점을 밝히고자 한다.

9.1 사물-속성 은유

속성(Attributes)이란 사람 또는 사물의 어떠한 추상적인 특성을 가리키며 소유물 또는 사물(Possessions)은 소유, 상실, 보관, 휴대 등 모두 가능한 물리적 대상을 뜻한다. '사물-속성' 사상에서는 속성(Attributes) 또는 특성(Qualities)이 구체적인 대상물로 개념화되어 인식된다.[102] Kövecses(2000)에 따르면, 여

---

102 Kövecses(2000:24): Through this submapping, attributes or qualities are

기서 속성(Attributes)은 삶의 모든 영역을 가리키며 신체적, 정서적, 사회적 상태와 관계 등을 포함한다.

한국어와 중국어에서 '사물-속성' 은유에 대한 이해를 돕기 위해, 아래와 같은 표현[103]을 먼저 살펴보겠다.

(59) ㄱ. 자가용 <u>승용차를 가지고 있다</u>.

ㄴ. 자신을 <u>가지세요</u>.

(60) ㄱ. 他<u>有一本书</u>.

　　　그 가지다 한 권 책

　　　(그는 책 한 권을 가지고 있다.)

ㄴ. 我很<u>有自信</u>.

　　　나 매우 가지다 자신

　　　(나는 자신이 있다.)

(59ㄱ)은 실제 대상물인 승용차를 소유하고 있음을, (59ㄴ)은 자신(自信)이 있다는 사람의 심적 상태를, (60ㄱ)은 중국어 '有'로 책 한 권을 가지고 있음을, (60ㄴ)은 '有自信(자신이 있다)'으로 현재 '我'의 상태 또는 속성을 나타냈다. 한국어의 '가지다'와 중국어의 '有'는 사물을 소유한다는 의미[104]로 추상적인 속성을

---

conceptualized as physical objects that can be possessed lost, kept, and so on.

103 예문의 비교를 위해 한국어 예문은 『표준국어대사전』, 중국어 예문은 『現代漢語辭典』에서 인용하였다.

104 표준국어대사전과 現代漢語辭典을 참조하면 단어 '가지다'와 '有'의 주요 의미는 다음과 같은데 두 단어가 모두 '소유하다'는 의미를 지닌다는 것을 알 수 있다.

가지다:「1」손이나 몸 따위에 있게 하다.

「2」자기 것으로 하다.

「3」직업, 자격증 따위를 소유하다.

有:「1」存在。존재하다.

나타내는 데도 사용되고 있다. 즉, 한국어와 중국어에서 공통적으로 추상적인 속성이 구체적인 대상에 대한 소유로 개념화되어 인식된다. 이렇게 구체적인 소유물이 추상적인 속성을 개념화하여 표현하는 것을 '사물-속성' 은유라고 하는데 이를 간단히 도식하면 아래 <표13>과 같다.

근원영역(Source Domain)		목표영역(Target Domain)
대상물(Possessions)	→	**속성(Attributes)**
자신을 소유함		어떤 일을 해낼 수 있다는 믿음

<표13> 한·중 '대상-속성' 은유 도식

이어서 위와 같은 '사물-속성' 은유를 바탕으로 한국어와 중국어에 나타나는 은유 표현을 살펴보자.

(61) ㄱ. 팬들에게 <u>실망을 안겨주고</u> 있는 두 팀. (J)

ㄴ. 여러분이 우리의 현실에 <u>관심을 가지고</u> 사회를 변화시켜나간다면 이 사회는 좀 더 나은 곳이 될 수 있을 거예요. (J)

(62) ㄱ. 如果政府<u>有决心</u>, 目前是改革资源性产品价格的好时机. (G)

만약 정부 가지다 결심 목전 이다 개혁 자원성 제품 가격 -의 좋다 시기

정부에서 <u>결심이 있으면</u> 지금이 자원 상품 가격을 조절하는 절호의 시기다.

ㄴ. 他是最<u>有希望</u>的演员. (G)

「2」表示所属。소속 관계를 나타내다. 「3」表示发生、出现。일어나거나 생기다

그 이다 가장 가지다 희망 -의 배우

그는 가장 <u>가망 있는</u> 배우이다.

ㄷ. 中拉<u>拥有共同的发展理念</u>. (R)

중국 라틴 아메리카 소유하다 공통 -의 발전 이념

중국과 라틴 아메리카는 <u>공통된 발전 이념을 가지고 있다</u>.

ㄹ. 人民群众对质量发展和质检工作<u>充满新期待</u>. (R)

인민 군중 대하다 품질 발전 -와/과 품질 검사 작업 충만하다 새 기대

국민들이 품질 발전 및 품질 검사 사업에 <u>새로운 기대를 가지고 있다</u>.

(61)에서 나오는 '안겨주다, 가지다' 등 표현의 사전적 의미[105]를 살펴보면 아래와 같다.

주다:「1」 물건 따위를 남에게 건네어 가지거나 누리게 하다.

「2」 남에게 어떤 자격이나 권리, 점수 따위를 가지게 하다.

「3」 좋지 아니한 영향을 미치게 하다.

「4」 실이나 줄 따위를 풀리는 쪽으로 더 풀어내다.

「5」 시선이나 몸짓 따위를 어떤 곳으로 향하다.

안다:「1」 두 팔을 벌려 가슴 쪽으로 끌어당기거나 그렇게 하여 품 안에 있게 하다.

「2」 두 팔로 자신의 가슴, 머리, 배, 무릎 따위를 꼭 잡다.

「3」 바람이나 비, 눈, 햇빛 따위를 정면으로 받다.

---

[105] '가져다주다'는 '가지다'와 '주다'의 의미를 중심으로 살펴보고 '안기다'는 '안다'의 사동사로서 '안다'의 의미를 통해 살펴보고자 한다.

「4」 손해나 빚 또는 책임을 맡다.

「5」 새가 알을 까기 위하여 가슴이나 배 부분으로 알을 덮고 있다.

가지다: 「1」 손이나 몸 따위에 있게 하다.

「2」 자기 것으로 하다.

「3」 직업, 자격증 따위를 소유하다.

「4」 (모임을 나타내는 말과 함께 쓰여) 모임을 치르다.

「5」 아이나 새끼, 알을 배 속에 지니다.

「6」 거느리거나 모시거나 두다.

관련 표현의 사전적 의미 항목을 보면, '안겨주다, 가지다' 등 단어가 각각 '사물을 남에게 주다', '남이 사물을 가지도록 하다', '무엇을 소유하다'를 뜻하고 있음을 잘 알 수 있다. '실망, 관심' 등 표현들이 낱말 의미로 살펴볼 때 물리적인 대상이라고 할 수 없지만 뒤에 오는 서술어와 결합될 때 구체적인 대상의 의미와 특징을 갖게 된다. 왜냐하면 우리의 물리적 경험에 근거하여, 가지고 있는 구체적 사물이라면 가지고 다닐 수도 있고 다른 사람에게 줄 수도 있을 것이다. 여기서 '안겨주다, 가지다' 등 동사와의 결합으로 '실망, 관심' 등 표현들이 소유물의 성질을 지니는 명사가 된다.

그러므로 (61ㄱ)은 '두 팀'이 '실망'이란 정서를 물리적 사물처럼 '팬'에게 줘서 '팬'들을 실망시켰음을, (61ㄴ)은 '우리'가 '관심'을 소유하면서 '현실에' 주의를 기울이면 '이 사회를 더 나은 곳으로' 변화시킬 것을 뜻한다. 이렇게 볼 때, 한국어에서 '속성'이 구체적인 '소유물'로 개념화되어 인식되고 있다. 즉 한국어에서는 '속성'이 '사물'로 개념화될 수 있는 것이 분명하다.

　중국어 예문도 같은 방법으로 살펴보자. (62ㄱ-ㄹ)에서 사용되고 있는 동사 '有, 拥有, 充满'의 의미를 제시하면 아래와 같다.

　有:「1」存在 존재하다.

「2」表示所属 소속 관계를 나타내다.

「3」表示发生, 出现. 일어나거나 생기다.

拥有: 领有; 具有. 가지고 있다. 보유하다.

充满:「1」布满, 填满. 가득 차 있다.

「2」自满, 骄傲. 자만하다, 자랑스럽다.

「3」充分具有. 충분히 가지고 있다.

　제시된 사전적 의미 항목에 따르면, 중국어 '有, 拥有, 充满' 등 단어가 공통적으로 무엇을 소유하거나 무엇이 가득 차 있다는 의미를 지니고 있다. 중국어 예문 (62ㄱ-ㄹ)에 나오는 '决心(결심), 希望(희망), 理念(이념), 期待(기대)' 등 표현들도 원래 물리적인 사물을 뜻하지 않지만 '사물'과 관련된 서술어 '있다, 가지다, 가득 차다'와 같은 낱말들과 결합될 때 구체적인 사물의 성질을 갖게 된다. 그러므로 (62ㄱ)은 '정부'에서 소유물인 '결심'을 소유하면서 상품 가격 조절을 하는 마음을 굳게 정함을, (62ㄴ)은 '그 사람'이 '희망'이란 사물을 소유하면 가장 가능성이 있는 배우가 될 것임을, (62ㄷ)은 '중국'과 '라틴아메리카'에서 같은 사물인 '이념'을 소유하고 있으니 사회 발전에 대한 견해가 같다는 것을, (62ㄹ)은 '국민들'이 '기대'란 대상물을 충분히 가지고 있음으로 '품질 개선 사업'이 이루어지기를 바라고 있음을 뜻한다. 중국어에서도 '속성'이 구체적인 '대상'으로 개념화되어 인식되고 있음을 보여 주면서 중국어에 '사물-속성' 은유의 존재를 입증하였다.

(61)과 (62)에서 보는 것처럼, 한국어와 중국어에 '사물-속성' 은유가 비슷하게 존재하며 두 언어에서 공통적으로 명사와 사물을 소유한다든가 소유하는 대상을 남에게 준다든가 하는 서술어와 결합된 언어 표현으로 [속성은 사물], [속성 지님은 사물을 소유함]이라는 사상을 개념화하여 표현하고 있다.

9.2 사물의 이동-변화 은유

8.1에서 '이동-변화'은유에 대해 논의하였으나 전경-배경의 지향(figure-ground orientation)에 따라 [변화는 이동]이란 하위 사상이 갖고 있는 구체적인 함의(entailment)는 다르다. 장소 도식을 기반으로 하는 개념적 은유에서 '변화'가 '장소로나 장소로부터의 이동'으로 개념화되어 인식되고 있으나 사물 도식을 기반으로 하는 존재론적 은유에서 '변화'는 소유물 자체의 이동으로 개념화되어 인식된다. 즉 [변화는 사물 자체의 이동]이라는 하위 사상이다. '이동-변화' 은유 함의는 다음과 같은 두 문장으로 형상화하여 이해할 수 있다.

(63) ㄱ. 그는 용기를 <u>얻었다</u>.
　　　ㄴ. 그는 용기를 <u>잃었다</u>.

(63)에서 '용기'는 각 다른 두 방향으로 이동하는 대상물로 보인다. (63ㄱ)에서 '용기'가 소유자(possessor)인 '그 사람'을 향해 이동하면, '그 사람'은 '용기'를 가지게 되며 (63ㄴ)에서 '용기'

가 소유자(possessor)를 떠나면 '그 사람'은 '용기'를 잃게 된다.[106] '그 사람'의 추상적인 속성 변화가 사물의 성질을 띤 '용기' 자체의 이동으로 개념화된다.

한국어와 중국어에서 '사물 자체의 이동-변화' 은유가 구체적으로 어떠한 표현 양상으로 이루어지고 있는지 아래의 예를 통해 살펴보고자 한다.

(64) ㄱ. 국가와 사회가 <u>자유를 얻었지만</u> 불안에 사로잡혔다. (J)

ㄴ. 우리 가족은 <u>행복을 얻었고</u> 예전보다 더 삶에 감사하게 됐다. (J)

ㄷ. 왜 우리는 그런 <u>순수함을 잃어버릴까</u>. (J)

ㄹ. 폭염이 전국을 강타하면서 7명이 <u>목숨을 잃었다</u>. (K)

ㅁ. 별다른 이유 없이 57명 중 32명이 <u>일자리를 잃었다</u>. (K)

(65) ㄱ. 这样的干部就能<u>得到</u>群众的<u>支持和拥护</u>. (G)

이렇다 간부 곧 얻다 군중 -의지지 -와/과 옹호

(이러한 간부들이 민중들의 <u>지지와 사랑을 받을 수 있을 것이다</u>.)

ㄴ. 两国关系<u>得到</u>长足<u>发展</u>. (R)

양국 관계 얻다 장족 발전

(양국 관계가 장족의 <u>발전을 이루었다</u>.)

---

[106] Lakoff&Johnson(1999:195)에서 "makes change metaphorically the acquisition of a possessible object 'where the object moves to you' or the loss of a possessible object 'where the object moves away from you'" 라고 논의하였다

ㄷ. 没有创新, 僵化保守, 大学就会<u>失去活力</u>. (G)

없다 혁신 굳어지다 보수 대학 곧 -ㄹ 것이다 잃다 활력

(혁신 없이 굳어진 것만 지키다가 대학교는 <u>활력을 잃게 된다</u>.)

ㄹ. 当地人却<u>失去</u>了发展经济的<u>权利</u>. (R)

현지사람 그러나 잃다 발전 경제 -의 권리

(그러나 현지 사람들은 경제를 발전시킬 <u>권리를 잃었다</u>.)

예문 (63)에서 살펴보았듯이 대상 자체의 이동이란 대상물이 소유자로나 소유자로부터의 이동을 의미한다. 다시 말하자면, 소유물이 소유자를 향해 이동하면 소유자가 소유물을 획득하게 되고 소유물이 소유자로부터 이동할 때는 소유자가 소유물을 상실하게 된다. 그러므로 획득 또는 상실을 뜻하는 표현으로 사물의 이동을 나타내고 그러한 이동으로 속성의 변화를 보여줄 수 있으면 '이동-변화' 은유가 성립된다고 볼 수 있다.

(64)에 사용되고 있는 동사들이 사물에 대한 획득이나 상실을 나타낼 수 있는지 이들의 사전적 의미를 다음과 같이 살펴보자.

얻다: 「1」 거저 주는 것을 받아 가지다.

「2」 긍정적인 태도·반응·상태 따위를 가지거나 누리게 되다.

「3」 구하거나 찾아서 가지다.

「4」 돈을 빌리다.

잃다: 「1」 가졌던 물건이 자신도 모르게 없어져 그것을 갖지

아니하게 되다.

「2」 땅이나 자리가 없어져 그것을 갖지 못하게 되거나 거기에서 살지 못하게 되다.

「3」 가까운 사람이 죽어서 그와 이별하다.

「4」 어떤 사람과의 관계가 끊어지거나 헤어지게 되다.

잃어버리다: 「1」 가졌던 물건이 자신도 모르게 없어져 그것을 아주 갖지 아니하게 되다.

「2」 어떤 사람과의 관계가 아주 끊어지거나 헤어지게 되다.

「3」 몸의 일부분이 잘려 나가거나 본래의 기능을 전혀 발휘못하다.

「4」 의식이나 감정 따위가 아주 사라지다.

예문에 사용되는 단어의 사전적 의미를 참조하면, '얻다, 잃다, 잃어버리다' 등 단어는 각각 '어떤 사물을 소유하다', '어떤 사물을 소유하지 않게 되다', '어떤 사물을 아주 소유하지 않게 되다'는 뜻이다. 즉 '얻다, 잃다, 잃어버리다' 등은 사물에 대한 획득이나 상실을 뜻하는 단어들로서 사물이 소유자로나 소유자로부터의 이동을 나타낼 수 있게 된다. (64ㄱ-ㄴ)에서 '얻다'로 대상물로 취급된 '자유' 또는 '행복'이 소유자로의 이동을 나타내면서 '나라가 자유로워졌다', '가족이 행복해졌다'는 속성 변화를 개념화하여 표현하였다. (64ㄷ-ㅁ)은 '잃어 버리다, 잃다'로 '순수함, 목숨, 일자리'란 사물이 소유자로부터의 이동을 나타내며 각각 '더 이상 순수하지 않고 복잡해졌다'는 우리의 속성, '살아 있지 않고 죽었다', '고용되지 않고 해고당했다'는 속성 변화를 보여 주었다.

중국어 은유 표현도 같은 방법으로 살펴보겠다. 우선 (65ㄱ-ㅁ)에 나오는 동사 '得到, 失去'의 사전적 의미를 확인해 보자.

得到:「1」能到, 可到. 이를 수 있다.

「2」获得. 획득.

失去: 消失; 失掉. 없어지거나 상실하다.

제시된 의미 항목을 보면, 중국어 '得到'는 '사물에 대한 획득', '失去'는 '기존 소유물을 상실하다'는 뜻을 의미한다. (65ㄱ-ㄴ)에서 '得到(얻다)'를 사물로 보인 '支持(지지, 후원)와 拥护(옹호, 사랑)' 또는 '发展(발전)'이 소유자들을 향한 이동을 나타내면서 '간부들이 민중들에 의해 좋게 평가되다', '양국 관계가 크게 발전되었다'는 속성 변화를 개념화하여 표현하였다. (65ㄷ-ㄹ)은 동사 '失去(잃다)'를 통해, '活力(활력), 权利(권리)'란 사물이 소유자로부터의 이동을 나타내며 각각 '활력과 창의성이 없어지다'는 대학교의 상태, '더 이상 현지 경제를 발전시킬 수 없게 되다'는 속성 변화를 보여 주었다.

한국어와 중국어의 '사물의 이동-변화' 은유를 신문 기사에서 추출된 은유 표현과 '얻다/得到, 잃다/失去' 등 동사의 사전적 의미 분석으로 살펴보았다. 한국어와 중국어의 사전 의미 분석과 은유 표현의 비교를 통해, 한국어와 중국어의 '이동-변화' 은유가 비슷하게 존재함을 알 수 있었다. 소유자의 속성 '변화'는 소유자나 소유자로부터의 소유물 자체의 이동으로 개념화되어 인식된다. 또한 한국어와 중국어에서는 공통적으로 획득 또는 상실을 뜻하는 타동사를 사용해서 '이동-변화' 은유를 나타낸다는 점이 흥미롭다.

우리의 경험에 의하면, 획득이라면 소유물이 많아지고 상실이라면 소유물이 적어지기 마련이다. 이러한 경험에 지향적 개념 은유 [많음은 위/적음은 아래](MORE IS UP; LESS IS DOWN)[107] 및 [행복은 위/슬픔은 아래](HAPPY IS UP; SAD IS DOWN)[108]를 적용시키면 '변화-이동' 은유에 내포된 함의를 다음과 같은 두 가지로 만들어낼 수 있다. 하나는 [긍정적인 변화는 사물의 획득], 또 다른 하나는 [부정적인 변화는 사물의 상실]이다.

9.3 목표물-목적 은유

존재론적 은유는 '사건, 상태' 등을 이해하기 위해 사용되며 인간에게 일상적으로 쉽게 접할 수 있는 개념을 통해 보다 추상적이고 복잡한 개념을 이해하려는 인지적 경향이 있다. 그러므로 어떤 행동의 '목적'은 '목표물', 즉 '갖고 싶은 사물'로 개념화되어 인식된다. '목표물-목적' 은유의 표현 양상은 아래와 같은 예를 통해 살펴보도록 한다.

(66) ㄱ. 대북 정책이 성공을 <u>거두기 위해서는</u> 국제사회의 협력이 필요하다. (J)

ㄴ. 월드컵에서 좋은 성적을 <u>거두기 위해서는</u> 코치진과 선수들이... (J)

ㄷ. 어느 나라도 복제품을 <u>원하지 않을 것이다</u>. (K) (67)

---

107 구체적인 설명과 용례는 Lakoff&Johnson(1980:42) 참조
108 구체적인 설명과 용례는 Lakoff&Johnson(1980:38) 참조

ㄱ. 我很希望得到您的肯定答复. (G)
　　나 아주 희망하다 받다 당신 -의 긍정 회답
　　(나는 당신으로부터 긍정적인 회답을 받았으면 좋겠다.)

ㄴ. 西安想要实现用手机刷公交. (R)
　　시안 원하다 실현하다 쓰다 핸드폰 (카드를) 긁다 버스
　　(시안 시에서 핸드폰으로 교통카드 찍기의 실현을 원한다.)

(66)과 (67)에서 사용되는 동사의 의미를 다음과 같이 살펴보고 예문을 종합적으로 분석하고자 한다.

거두다: 「1」 곡식이나 열매 따위를 수확하다.
「2」 흩어져 있는 물건 따위를 한데 모으다.
「3」 좋은 결과나 성과 따위를 얻다.
「4」 시체, 유해 따위를 수습하다.
「5」 고아, 식구 따위를 보살피다.
「6」 집안일, 밭일 따위를 돌보아 살피다.

원하다: 소원하다. 무엇을 바라고 원하다.

希望: 心里想着实现某种情况 마음속에서 어떤 상황의 이루어짐을 생각하다.

得到: 获得 획득

想要: 一心向往; 热切地希望 간절히 바라거나 원하다.

관련 동사의 사전적 의미에 따르면, (66)과 (67)에서 사용되는 동사들은 공통적으로 '획득'이란 의미를 지니고 있다. 즉, '획

득'은 '사물'을 가지게 된다는 것을 의미한다. 이 동사들의 이와 같은 특성으로 (66)과 (67)에서의 '성공', '좋은 성적', '肯定答复 (긍정적인 회답)', '手机刷公交(교통카드 스마트폰화)' 등 표현들은 사물명사의 성질을 갖게 된다. 또한 (66ㄱ-ㄴ)은 목적을 나타내는 '-기 위 해서'를 사용하여 목적 또는 목표의 의미를 더욱 정확하게 표현하였다. (67ㄷ)에서 '원하지 않다'는 표현으로 목표물이 복제품이 아닌 진품인 것을 확인하게 하였다. 중국어의 경우도 마찬가지이다. 간절히 바라거나 원한다는 표현으로 목적이 무엇인지를 보여주며 목적은 갖고 싶은 대상으로 사상되어 인식된다.

9.4 장애물-어려움 은유

어떤 일을 하는 과정에서 어려움을 겪게 되면 우리는 흔히 그 어려움을 가는 도중의 장애물로 생각해서 말한다. 왜냐하면 우리의 신체적 경험에 따르면, 순탄하지 않은 길을 걷다 보면 힘들다는 생각이 들기 십상이기 때문이다. 존재론적 은유에서는 이러한 어려움을 장애물의 개념으로 사상하고 이해한다.

(68) ㄱ. 한국육상, 죽을 <u>고비</u> 넘겨야 꿈 이룬다. (J)
　　ㄴ. 대입 <u>장벽</u>을 넘으려면 '자기소개서 차별화 작업'부터 시작해야 한다. (K)
　　ㄷ. 새 소설은 그런 좁은 <u>울타리</u>를 허무는 시도여서 반갑습니다. (J)
　　ㄹ. 수시 지원 시 <u>걸림돌</u> 중 하나는 낮은 내신 성적이다.

(J)

(69) ㄱ. 他打破各自为战的思想壁垒. (R)
　　　그 타파하다 각개전투 -의 사상 장벽
　　　(그는 각개전투의 장벽을 깨뜨렸다.)

ㄴ. 农民从枷锁中解放出来. (R)
　　농민 -로부터 쇠사슬 해방 나오다
　　(농민들이 속박으로부터 해방되었다.)

ㄷ. 扫清伟大复兴路上的障碍 (G)
　　쓸다 깨끗이 위대하다 부흥 길 위 -의 장애물
　　(부흥을 이룩하기 위해 장애물을 없앤다.)

ㄹ. 人才的创新之路往往是荆棘之路. (G)
　　인재 -의 혁신 -의 길 항상 이다 가시나무 -의 길
　　(인재 혁신에는 수많은 어려움이 있다.)

ㅁ. 我国的户籍制度所形成的藩篱 (G)
　　우리나라 호적 제도 -로 형성되다 울타리
　　(우리나라 호적 제도로 인한 어려움)

ㅂ. 事业前进的"拦路虎"和科学发展的"绊脚石". (R)
　　사업 전진 -의 막다 길 호랑이 -와 과학발전 -의 걸림돌
　　(사업 발전에 난관과 과학 발전에 걸림돌)

앞에서 논의하였듯이 존재론적 은유에서는 추상적인 대상을 실제 물건이나 물질로 개념화되어 인식된다. (68)-(69)의 예문을 살펴보면 한국어와 중국어에서 모두 어떤 일을 하는 과정에서 겪게 된 추상적인 어려움은 장벽, 돌, 울타리, 가시나무 등 구체

적인 장애물을 통해 인식되고 있다. 한국어에서 '고비, 장벽, 울타리, 걸림돌' 등 구체적인 물건이나 물질을 사용하고 있으며 중국어에서는 한국어와 비슷한 표현인 '壁垒(장벽), 枷锁(쇠사슬), 障碍(장애물), 荆棘(가시덤불, 가시나무), 藩篱(울타리), 绊脚石(걸림돌)'을 사용하는 이외에, '拦路虎(길을 막는 호랑이)'처럼 동물명사가 은유 표현에 쓰이는 경우가 종종 있다. 이는 중국의 역사 문화와 관련된 언어 표현이며 중국어에서만 보이는 특수적 은유 표현이라고 할 수 있다. 또 한국어에서는 '걸림돌, 장벽'이 주로 쓰이지만 중국어의 경우 '걸림돌, 장벽, 울타리, 쇠사슬, 가시덤불' 등이 많이 쓰이고 있어 어휘가 더 다양하게 실현됨을 알 수 있다.

10. 한·중 지향적 은유 표현 대조 분석

지향적 은유는 구조적 은유와 달리 개념들의 전체적인 체계를 상호 관계 속에서 조직화하는 현상을 가리킨다. 이러한 개념적 은유는 대부분 위-아래, 안-밖, 앞-뒤, 중심-주변 등의 공간적 지향성과 연관되기에 이를 지향적 은유라고 지칭한다. 본 논문에서는 기존의 지향적 은유보다 조금 더 넓은 범위에서 다루고자 한다. 방위 뿐만 아니라 위치 은유도 함께 살펴보도록 하겠다. 이러한 지향적 은유에 부합하는 은유 표현을 한국과 중국의 신문에서 수집, 분류 및 분석한 결과, 한국어와 중국어의 지향적 은유는 크게 다음과 같은 다섯 가지로 나누어 볼 수 있다. 각각 낮은 곳, 높은 곳, 깊은 곳, 진 곳, 막힌 곳에 따른 은유이다.

한국어와 중국어에서 '장소-상태' 은유에 대한 이해를 돕기 위해, 아래와 같은 표현을 살펴보자.[109]

(70) ㄱ. <u>벼랑 끝에</u> 서서 아래를 내려다보니 아릿자릿하다.
　　 ㄴ. 모두 회사가 <u>벼랑 끝에</u> 서 있다는 위기감에 공감할 때 가능하다. (J)

---

[109] 예문의 비교를 위해 한국어 예문은 『표준국어대사전』, 중국어 예문은 『現代漢語辭典』에서 인용하였다.

(71) ㄱ. 有　一些　建筑　修建　　在　惊险　的懸崖
　　　있다 일부 건축물 지어지다 -에 험하다 의 현애
　　　邊　　　上。
　　　가장자리 위
　　　(어떤 건물은 험한 벼랑 끝에 지어져 있다.)

ㄴ. 2008 年底, 聯想 已 到了 懸崖 邊 上。(R)
　　2008년 연말 Lenovo 회사[110] 이미 도착했다 현애 가
　　장자리 위
　　(2008년 연말, Lenovo 회사는 이미 벼랑 끝으로 몰렸다.)

(70ㄱ)은 물리적인 공간인 '벼랑 끝'을, (70ㄴ)은 '위험한 위치, 처지'라는 추상적인 상태를, (71ㄱ)은 중국어에서 공간인 '懸崖邊(낭떠러지의 가장자리, 벼랑 끝)'을, (71ㄴ)은 (70ㄴ)처럼 추상적인 '위험한 상태'를 의미한다. (70)과 (71)에서 보는 것처럼 한국어와 중국어에서 공통적으로 '(회사의) 위험한 처지'라는 추상적인 상태가 '벼랑 끝'이란 구체적인 장소로 개념화된다. 이렇게 구체적이고 물리적인 장소에서 추상적인 의미로 사상되는 관계를 '장소-상태' 은유라고 할 수 있는데, 이를 간단히 도식화하면 아래와 같다.

근원영역(Source Domain)		목표영역(Target Domain)
장소(Locations)	→	상태(States)
벼랑 끝		위험하고 절박한 상태

<표14> 한·중 '장소-상태' 은유 도식

---

110 중국 최대의 다국적 민영 기업이자 컴퓨터 제조 전문업체이다.

위와 같은 '장소-상태' 은유를 바탕으로 한국어와 중국어에 나타나는 은유 표현을 살펴보도록 하겠다.

10.1 '낮은 곳'에 따른 은유

'낮은 곳'에 따른 은유 표현의 예를 아래와 같이 들 수 있다.

(72) ㄱ. 밑바닥에 떨어져 보지 않은 사람은 인간 심리의 밑바닥을 못 본다. (J)

(73) ㄱ. 一度 暢銷的 科幻小說在 上世紀90年代陷入 低谷. (G)
한 때 잘 팔리다 의 과학 환상 소설 -에 지난 세기 90년대 빠지다 저골
(한 때 잘 팔렸던 공상과학소설은 1990년대에 밑바닥에 머물렀다.)

ㄴ. 目前 美俄 關系 處于 低谷. (R)
현재 미국·러시아 관계 처하다 -에 저골, 낮은 골짜기
(현재 미국과 러시아의 관계는 안 좋다.)

ㄷ. 在 革命 處 于 低潮 時, 他 對 革命仍充滿信心. (G)
있다 혁명 처하다 -에 저조, 낮은 파도 때 그 -에 대하다 혁명 충만하다 자신
(혁명이 상황이 어려워도, 그는 혁명에 자신이 있었다.)

예(72ㄱ)은 '밑바닥'이란 구체적인 위치로 '(가장) 어려운 상황'을 나타내며 (73ㄱ-ㄴ)은 중국어에서 '低谷(낮은 골짜기)'이란 물리적인 장소로 각각 '공상과학 소설이 안 팔림', '미국과 러시아의 관계 나쁨'과 같은 추상적인 상태나 상황을 의미한다. 또

한 (73ㄷ)은 '低潮(밀물이 내려 해면의 높이가 낮음)'로 '혁명의 어려운 처지'를 뜻하기도 한다.

(73ㄱ-ㄴ)에서 보는 것처럼 중국어에서 '어렵고 안 좋은 처지'라는 추상적인 상태가 '低谷, 低潮'란 구체적인 위치로 개념화된다. 한국어에서는 비록 중국어처럼 다양한 양상을 보여주지 못하고 있지만 '밑바닥'인 위치로 '어려운 삶'을 개념화하였다. 이들 위치나 장소를 살펴보면, 모두 '낮다'와 관련되어 있다[111]는 것을 알 수 있다. 형용사 '낮다'와 '어렵고 안 좋은 상태'의 사상 관계를 알아보기 위해, 한국어와 중국어에 나타나는 '낮다'와 '低'의 사전적 의미를 살펴보기로 한다. 표준국어대사전에 나타난 한국어 정의와 現代漢語詞典에 나타난 중국어 사전의 정의를 정리하면 다음과 같다.[112]

'낮다'의 의미	'低'의 의미
아래에서 위까지의 높이가 기준이 되는 대상이나 보통 정도에 미치지 못하는 상태에 있다	地勢或位置在一般標準或平均程度之下, 與'高'相對。如: 低谷, 低潮 지세 또는 위치가 일반 기준 또는 평균 정도에 미치지 못하는 상태에 있다
높낮이로 잴 수 있는 수치나 정도가 기준이 되는 대상이나 보통 정도에 미치지 못하는 상태에 있다	比例、數量或价值在正常标准以下的。如: 低收入阶层, 低价 수량 또는 가치가 정상 기준 이하에 있다. 예: 低收入阶层(저소득층), 低价(저가) 等级在下的 등급이 낮다

---

111 표준국어대사전에서 '밑바닥'의 의미.

밑바닥: 「1」 어떤 것의 바닥 또는 아래가 되는 부분. 「2」 어떤 현상이나 사건의 바탕에 깔린 근본적인 것을 비유적으로 이르는 말. 「3」 아무것도 없는 상태나 최하층을 비유적으로 이르는 말. 「4」 어떤 정체나 속뜻.

'밑바닥'의 사전 해석에 '낮다'는 직접적인 의미 표현은 없지만 '아래', '최하' 등 의미를 포함한다는 점에서 '낮은 위치'로 간주할 수 있다.

112 중국어 사전의 의미 제시 순서는 한국어 사전에 맞추어 정렬하였다.

'낮다'의 의미	'低'의 의미
품위, 능력, 품질 따위가 바라는 기준보다 못하거나 보통 정도에 미치지 못하는 상태에 있다	質量差。 품질이 안 좋다. 예: 低檔貨 (안 좋은 물건)
지위나 계급 따위가 기준이 되는 대상이나 보통 정도에 미치지 못하는 상태에 있다	身份地位、才能見識等低下。如: 身份低 신분이나 지위가 낮거나 재능 또는 식견이 없다. 예: 身份低 (신분이 낮다)
소리가 음계에서 아래쪽이거나 진동수가 작은 상태에 있다	聲音細微。목소리가 작고 미약하다.

<표15> '낮다, 低'의 사전적 의미

<표15>에서 보는 것처럼 '낮다'는 물리적 공간이 낮은 위치에 있다는 의미에서 사회적 위치나 어떤 가치가 아래에 있다는 것[113]을 의미한다. 한국어와 중국어 사전에서 '낮다'의 의미 대응

---

113 한지오(2013:147)에서는 '높다'와 '낮다'의 원형 의미와 확장 의미의 대립 양상을 아래와 같이 정리하였다.

'높다'의 의미	의미관계	'낮다'의 의미
길이가 길다	↔	길이가 짧다
공간이 넓다	↔	공간이 좁다
양이 많다	↔	양이 적다
수치가 크다	↔	수치가 작다
나이가 많다	↔	나이가 적다
돈이 많다	↔	돈이 적다
소리가 크다	↔	소리가 작다
기운이 힘차다	↔	기운이 약하다
사회적 위치가 위에 있다	↔	사회적 위치가 아래에 있다
가치가 위에 있다	↔	가치가 아래에 있다

은 비슷하게 나타난다. 그러나 이것이 실제로 은유 표현으로 사용될 때의 양상은 약간 다르다. 한국어에서 경기가 안 좋은 상태는 '낮다'보다는 '바닥을 치다', '바닥세에 머물다'와 같이 명사 '바닥'과 관련하여 더 활발하게 표현된다. 그러나 중국어에서는 (73ㄱ-ㄴ)과 같이 '低谷(낮은 골짜기)', '低潮(밀물이 내려 해면의 높이가 낮음)'을 사용하여 표현한다.

'低谷'은 중국어 사전에서 낮은 골짜기와 불경기를[114]뜻하는 말로 등재되어 있으며, 비슷한 말 '低潮'로 경제의 침체 상태를 비유적으로 이르기도 한다. 즉 한국어에서는 '바닥을 치다', '저조하다'의 형태로, 중국어에서는 '低谷'의 형태로 나타나 일반적으로 낮은 곳은 '나쁜 상태, 어려운 상태'를 뜻한다는 '장소-상태' 은유가 나타나는 것을 확인할 수 있다. 요컨대 낮은 곳에 따른 은유이다.

10.2 '높은 곳'에 따른 은유

신문 기사에서 추출한 '위험한 상태'에 관한 개념화 표현 양상을 살펴보자.

(74) ㄱ. 그러나 원정 경기에서 0대3으로 완패해 벼랑 끝에 몰렸다. (J)

ㄴ. 진정서에는 중소 딜러들의 벼랑 끝 경영 상태가 고스란히 드러난다. (K)

(75) ㄱ. 美国在2月份就再度面临 "财政悬崖". (R)

---

114 중국어 기사나 글 등에는 '低谷'과 '高峰'이 대구의 형태로 자주 나타난다.

미국 -에 2월 바로 다시 직면하다 재정 현애, 벼랑
(미국은 2월에 다시 '재정의 벼랑'에 서게 되었다.)
ㄴ. 韓日關系站在懸崖邊上. (G)
한일 관계 서다 -에 벼랑 끝 위
(한일 양국 관계는 벼랑 끝에 서 있다.)

(74)에서 구체적인 장소인 '벼랑 끝'은 '경기에서 완패한 팀 또는 선수의 위급한 상태'와 '중소 딜러들의 위태로운 처지'라는 추상적인 상태를 뜻한다. (75)에서는 중국어의 공간 위치인 '懸崖(낭떠러지), 懸崖邊(낭떠러지의 가장자리, 벼랑 끝)'으로 '미국(정부의) 재정 위기'와 '한일 관계의 긴장'을 나타내고 있다. (74)와 (75)에서 보는 것처럼 한국어와 중국어에서 공통적으로 '위험한 처지'라는 추상적인 상태가 '벼랑 끝'이란 구체적인 장소로 개념화된다.

사전에서 한국어 '벼랑'과 중국어 '懸崖'의 의미를 확인해 보면, 모두 '험하고 높은 언덕'이란 공통점을 가지고 있다. 한국어와 중국어에서 형용사 '높다'/'高'에 관한 의미 항목을 정리해 보면 다음 <표16>과 같다.

'높다'의 의미	'高'의 의미
아래에서 위까지의 길이가 길다.	由下到上距离大的, 与"低"相对 : 高峰。高空。 아래에서 위까지의 거리가 멀다. '低: 낮다'의 반의어. 예: 高峰(고봉), 高空(고공)
아래에서부터 위까지 벌어진 사이가 크다.	
수치로 나타낼 수 있는 온도, 습도, 압력 따위가 기준치보다 위에 있다.	

'높다'의 의미	'高'의 의미
품질, 수준, 능력, 가치 따위가 보통보다 위에 있다	在一般标准或平均程度之上：高消费 高价 일반 기준이나 평균 수치보다 위에 있다. 예: 高消费(높은 소비 수준) 高价(고가)
값이나 비율 따위가 보통보다 위에 있다.	

<표16> '높다, 高'의 사전적 의미

<표16>에서 보는 것처럼 한국어와 중국어에서 '높다'는 보통보다 위에 있다는 공통점이 있다. 보통보다 위에 있다는 것을 공간적인 개념에 결합시키면 위험할 것이라는 추측을 하게 된다. 그러므로 (74), (75)에서 추출된 은유는 '높은 곳'에 따른 은유라고 간추려 말할 수 있다.

10.3 '깊은 곳'에 따른 은유

'깊은 곳'에 관한 은유 표현은 아래 예문에 사용된 몇 가지로 나눠 볼 수 있다.

(76) ㄱ. 빛의 구렁텅이에서 탈출시킬 수 있다. (K)

ㄴ. 전쟁은 개인들의 일상을 생각지도 못했던 심연으로 몰아넣는다.[115]

ㄷ. 재직 시절을 회상하며 어두운 터널 속 빠져 나온 기분이라고 했다. (J)

---

[115] 실제 3개월 동안 수집한 자료를 보니, 중국어에는 '深渊'이란 은유 표현을 많이 사용하고 있지만 한국어 자료에서는 '심연'이란 은유 표현이 들어 있는 문장을 찾아볼 수가 없었다. 말뭉치에서 대응 표현으로 이와 같은 문장을 검색했다.

ㄹ. 중진국 함정에 빠져 더 이상 선진국을 추격하지 못하고 정체돼 있다 (J)
(77) ㄱ. 有把日本人民再次推向戰爭深淵的危險. (R)
있다 개사, 把 일본 인민 다시 밀다 향하다 전쟁 심연 -의 위험
(다시 한 번 일본 국민들을 전쟁의 심연으로 밀어낼 위험이 있다.)
ㄴ. 切莫因强烈的發財愿望, 陷入傳銷陷井. (G)
절대로 원인 강렬한 큰돈을 벌다 소망 빠지다 다단계 함정
(절대로 큰돈을 벌겠다는 생각에 다단계의 함정에 빠지지 말자.)

사전에서 제시한 의미 항목을 보면, (76)의 '구렁텅이, 심연, 터널, 함정' 등은 모두 깊은 곳이란 공통점[116]을 가지고 있다. 은유 표현으로 확장된 의미를 보면, '구렁텅이'는 '빚에 매달려 힘든 상태', '심연'은 '전쟁이 가져온 고통이나 재난', '터널'은 '캄캄하고 희망이 안 보이는 상황', '함정'은 '진실이 아닌 거짓'을 의미하고 있다.

---

116 표준국어대사전에서 제시된 관련 단어의 의미.
구렁텅이: 몹시 험하고 깊은 구렁. 심연: 깊은 못.
터널: 산, 바다, 강 따위의 밑을 뚫어 만든 철도나 도로 따위의 통로.
함정: 짐승 따위를 잡기 위하여 땅바닥에 구덩이를 파고 그 위에 약한 너스레를 쳐서 위장한 구덩이. '터널'과 '함정'의 사전 해석에 '깊다'는 직접적인 의미 표현은 없지만 '터널이 깊다, 함정이 깊다' 등처럼 '깊다'와 결합이 가능하다는 점에서 '깊은 곳'으로 분류할 수 있다.

(77)의 중국어 예문인 '深淵', '陷井'도 한국어와 같은 의미이다. 즉 '깊은 곳'은 '어렵고 힘든, 보이지 않는 상태'라는 은유 표현을 가지고 있다. 또 중국어에서는 '심연, 함정'이 주로 쓰이지만 한국어의 경우 '구렁텅이, 터널' 등이 많이 쓰이고 있어 어휘가 더 다양하게 실현됨을 알 수 있다.

이상의 장소들은 모두 형용사 '깊다'와 의미적으로 관련되어 있다. '깊다'는 지향성 은유로 생각하면 낮은 곳보다 더 낮은 곳이며, 그릇 은유로 생각하면 좁고 긴 그릇의 바닥끝을 의미한다. 한국어와 중국어 사전에 등재된 '깊다'의 의미는 <표17>과 같다.

'깊다'의 의미	'深'의 의미
겉에서 속까지의 거리가 멀다.	从表面到底或从外面到里面距离大, 与"浅"相对: 深渊。深壑. 겉에서 속까지 또는 바깥에서 안쪽까지의 거리가 멀다. '浅: 얕다'의 반의어. 예: 深渊(깊은 못), 深壑(깊은 골짜기)
생각이 듬쑥하고 신중하다	
수준이 높거나 정도가 심하다.	程度高的: 深交。 수준이 높거나 정도가 심하다. 예: 深交(깊이 사귀다, 친하게 지 내다)
시간이 오래되다.	久, 时间长: 深夜。 시간이 길고 오래되다. 예: 深夜(심야, 깊은 밤)
어둠이나 안개 따위가 자욱하고 빽빽하다.	颜色浓: 深色。深红。 색깔이 짙다. 예: 深红(짙은 빨간색)

<표17> '깊다, 深'의 사전적 의미

<표17>에서 보는 것처럼 한국어와 중국어에서 '깊다'는 '속'이기 때문에 보이지 않는다는 공통점이 있다. 이것이 '생각'으로 확장될 때는 긍정적이나 경제 불황 등으로 확장될 때는 끝나지

않는, 보이지 않는 암울함의 은유가 된다. (76)과 (77)에서의 한·중 은유 표현을 다시 종합적으로 분석해 보면, [힘든 상태는 깊은 위치]라는 '장소-상태' 은유의 하위 구조를 확인할 수 있다.

10.4 '진 곳'에 따른 은유

한국어와 중국어 모두 '질다'는 사전에 등재된 의미가 적은 편이다. 한국은 '밥, 반죽, 땅'이 물기가 많아 질척이는 것을 의미하며, 중국어의 경우 '흙과 땅'이 질척이는 상태를 의미한다. 중국어보다 한국어에서 더 많은 대상이 분류되고 있다는 점이 흥미롭다. 또한 한국어 '질다'의 경우 형용사에 해당하지만, 중국어 '泥濘'은 명사와 형용사의 성격을 모두 띠고 있다. '질다'와 '泥濘'의 사전 의미를 대응시켜 보면 <표18>과 같다.

'질다'의 의미	'泥濘'의 의미
밥이나 반죽 따위가 되지 아니하고 물기가 많다	土和水合成的東西, 爛泥 흙과 물이 섞여 있는 것, 질척한 흙.
땅이 질척질척하다	泥爛而滑 땅이 질어서 미끄럽다.

<표18> '질다, 泥濘'의 사전적 의미

한국어와 중국어에서 '질다'의 은유적 의미는 모두 부정적이다. 이는 '진 땅, 진 흙'과 관련한 사람의 이동 경험에 근거하고 있다. 빨리, 편하게, 깨끗하게 이동할 수 없다는 물리적 경험에 근거하여 '진 곳'의 의미는 부정적인 상태로 사상된다.

'진 곳'과 관련해 나타나는 단어군은 '늪, 수렁, 진창' 등으로

(78)과 (79)를 통해 의미를 파악할 수 있다.

 (78) ㄱ. 한국이 低성장 늪에 빠지는 두 가지 증후. (J)
   ㄴ. 경제위기의 수렁 속에 허우적거리고 있는 프랑스 (K)
   ㄷ. 선방을 떠나 세상 진창 속으로 (J)
 (79) ㄱ. 歐洲仍深陷歐債危機泥潭. (R)
    유럽 여전히 깊이 빠지다 유럽채무위기 수렁
    (유럽은 여전히 유럽 채무 위기의 수렁에 깊이 빠져 있다.)
   ㄴ. 這很容易滑到 '金錢萬能', '金錢至上'的泥淖裡. (G)
    이/이러다 아주 쉽다 미끄러지다 '금전만능' '금전 지상' -의 진창 안
    (이러면 '금전만능' 또는 '금전 지상'의 진창에 빠지기 십상이다.)
   ㄷ. 一旦起了反感, 談判自然會陷於泥坑中. (R)
    만약 일어나다 완료 반감, 협상 자연 -ㄹ 것이다 빠지다 늪 안
    (반감을 불러일으키면 협상도 저절로 늪에 빠질 것이다.)

'늪, 수렁, 진창'은 (78)에서 각각 '경제의 저성장', '경제 위기', '속세의 고민' 등 빠져 나오기 힘든 상태나 깨끗하지 않은 상황을 나타내고 있다. (79)의 중국어 예문에서 '泥潭, 泥淖, 泥坑, 泥沼'는 유의어로 '늪, 수렁, 진창'을 의미 하며, '유럽 채무 위기, 금전 지상주의, 협상이 어려운 상황'을 뜻한다. (78)과 (79)를 통해 볼 때 한국과 중국에서 '진 곳'의 의미는 빠져나오기 어렵고 복잡

하고 깨끗하지 않은 상태로 사상된다.[117]

10.5 '막힌 곳'에 따른 은유

이밖에도 어떤 장소의 끝에 있거나 사방이 막혀 있어 답답하고 어려운 상태를 표현하는 은유 표현이 있다. 한국어의 '막히다'와 중국어의 '堵塞'는 통하지 않고 막힌 상태를 표현한다.

'막히다'의 의미	'堵塞'의 의미
길, 통로 따위가 통하지 못하게 되다.	阻塞: 장애물을 놓아 통과하지 못하게 하다 / 使不能畅通: 통하지 못 하게 하다.
트여 있는 곳을 가리게 둘러싸여지다.	封闭: 트여 있는 곳을 둘러싸다.
강물, 추위, 햇빛 따위가 어떤 대상에 미치지 못하게 되다	
어려운 대목에서 일이 잘 풀리지 않다.	
꼼짝 못하게 되어 하려던 것을 못하게 되다	
어떤 공간을 나누기 위하여 사이가 가려지다	

<표19> '막히다, 堵塞'의 사전적 의미[118]

---

117 아래에서 보는 것처럼 현실 공간의 수렁이 빠져나오기 힘든 상태라는 추상적인 공간으로 사상된다. ㄱ. 車子陷入泥潭不能前進。
  차가 수렁에 빠져 앞으로 갈 수가 없다.
  ㄴ. 歐洲仍深陷歐債危機泥潭。
  유럽은 여전히 유럽 채무 위기의 수렁에 깊이 빠져 있다.
118 '막히다'는 '막다'의 피동으로 사전에 등재된 '막다'의 의미를 피동에 맞게 수정하였다.

'통하지 않고 막힌 곳'과 관련된 은유 표현은 (80), (81)을 통해 살펴볼 수 있다.

(80)에 나타나는 한국어 은유 표현은 한자어로, 한자어 '곤(困)'은 사방이 막혀 통하지 않는 상태이며, '지경(地境)'은 땅의 끝, 경계를 이른다. '궁지(窮地)'의 '궁(窮)'은 다하고 끝나고 막힌 상태를 뜻해 '곤(困)'과 일맥상통하는 바가 있다. 이들은 모두 한자어 표현으로 한국어뿐만 아니라 중국어에서도 공통적인 의미로 사용된다.[119]

(80) ㄱ. 남이 <u>곤경에</u> 처한 걸 보고는 그냥 지나치지 않았다. (J)

ㄴ. 선진국은 물론 경제위기로 파산 <u>지경에</u> 이른 나라도… (K)

---

[119] 중국어 사전에서 중국어에서 '窮' 및 '困'의 사전적 의미는 다음과 같이 나타나는데 窮의 2, 3, 4번과 困의 1, 3번의 의미가 비슷해 '다하고 막힌 것'은 '힘들고 어려운 상태'라는 은유를 만들어 내는 것이다.

窮: 1) 缺乏财物: 貧窮 재물이 부족하다. 예: 貧窮 가난하고 궁색하다

2) 处境恶劣: 窮困 처해 있는 환경이 열악하다. 예: 窮困 빈곤하다

3) 达到极点: 窮兵黷武 한계에 이르다. 예: 窮兵黷武 모든 병력을 동원하다

4) 完了: 窮尽 바닥나다. 예: 窮盡 궁진, 끝

5) 推究到极点 끝까지 따지다.

困: 1) 陷在艰难痛苦或无法摆脱的环境中: 困境 힘들고 고통스럽거나 벗어날 수 없는 환경에 빠져 있다. 예: 곤경

2) 穷苦、艰难: 困苦 빈곤하고 가난하다. 예: 困苦 어렵고 고통스럽다

3) 包围: 困守 사방이 막히다. 예: 困守 포위된 상황에서 사수하다

4) 疲乏: 困乏 피곤하다. 예: 困乏 피로하다, 피곤하다

5) 想睡 졸리다.

한자어는 한국어에 오래 사용되고 정착되어 있으므로 여기서 한자어를 번역 영향의 가능성으로 보지 않는다.

(81) ㄱ. 沿江古鎭陷入了發展困境. (G)
　　　강가 옛 마을 빠지다 발전 곤경
　　　강가에 있는 옛 마을들은 발전의 곤경에 빠졌다.
　　ㄴ. 他看望瀕臨絶境的兒童. (R)
　　　보다 임하다 절경 -의 아동
　　　(그는 궁지에 몰린 아이를 찾아가 본다.)
　　ㄷ. 城管爲什麼會陷入如此處境? (R)
　　　도시 관리 왜 -ㄹ 것이다 빠지다 이러하다 지경
　　　(도시 관리(관계자)는 왜 이러한 지경에 빠져 있을까?)
　　ㄹ. 中國男籃在亞洲竟跌落到這般田地。(R)
　　　중국 남자 농구 -에서 아시아 떨어지다 이러한 전지
　　　(논과 밭)
　　　(중국 남자 농구가 아시아에서 이 지경으로 하락할 줄이야.)

그러나 (81)에서는 중국어에만 나타나는 표현을 볼 수 있다. 중국어 '處境'은 한국어 표현으로는 '지경, 처지' 등으로 번역할 수 있는데 한국어에서는 쓰이지 않는다. (81ㄴ)의 '絶'은 '끊다, 막다'의 의미로 '궁(窮), 곤(困)'과 일맥상통 하는 바가 있지만 '絶境'은 한국어에서는 거의 쓰이지 않는다.[120] 또, (81ㄹ)에서 나온 '田地'는 한국어에도 '전지, 전답, 전토' 등의 표현이 있지만

---

120 표준국어대사전에서 제시한 '절경(絶境)'은 '절역(絶域)'이란 뜻으로 등재되어 있지만 실제 용례는 검색되지 않는다. '절역'의 사전 의미는 다음과 같다.
　절역(絶域): (1) 한 국가 내에서, 멀리 떨어져 있는 지역. (2) 멀리 떨어져 있는 다른 나라 반면, 중국어에서는 '絶境'이란 '명확한 출구가 없는 어려운 지경'을 뜻한다

'바닥'을 뜻하는 은유 표현은 중국어에서만 사용되고 있다. 중국어에서 '田地'는 단순히 '논'과 '밭'을 가리키는 것이 아니라 '어려운 처지'를 뜻한다. 그러므로 [답답한 상태는 막힌 장소]란 함의는 한국어에서 발견되지 않고 중국어에 보편적으로 존재한다고 할 수 있다.

지금까지 한국어와 중국어의 지향적 은유를 신문 기사에서 추출된 은유 표현과 '낮다(低), 높다(高), 깊다(深), 질다(泥濘), 막히다(堵塞)' 등 형용사나 동사의 사전 의미를 중심으로 분석하였다. 한국어와 중국어의 사전 의미 분석과 은유 표현의 비교를 통해, 은유가 언어에 보편적으로 존재하는 것처럼, 한국어와 중국어의 '장소-상태' 은유도 비슷하게 존재함을 알 수 있었다.

그러나 은유가 실생활에서 실제로 어떻게 사용되고 있는지를 알기 위해 신문 기사를 수집하여 분석한 결과는 약간 다른 양상을 보여 주었다. 한국어의 경우 '낮은 곳'은 바닥과 관련되어 표현되는 반면 중국어는 '低谷'으로 자주 표현되는 것을 알 수 있었다. '깊은 곳'의 경우 한국어는 '심연, 함정, 구렁텅이, 터널' 등 다양한 어휘가 사용되었지만, 중국어는 '深淵, 陷穽' 등이 주로 쓰임을 알 수 있었다. '질퍽한 곳'의 경우 한국어와 중국어 모두 늪, 수렁, 진창, 泥潭, 泥淖, 泥坑, 泥沼 등의 유의어가 활발하게 쓰임을 알 수 있었다. '막힌 곳'의 경우 한국어와 중국어 모두 '곤(困)'과 '궁(窮)'을 기반으로 한 한자어 은유 표현의 의미는 상당히 유사했다. 그러나 중국어의 경우 이외에도 '處境, 絶境, 田地'와 같은 한국어에서 나타나지 않는 어휘가 '어렵고 힘든 상태'를 표현하고 있다.

또한 한국어와 중국어 '장소-상태' 은유의 언어적 표현을 살펴 보면 대략 다음과 같은 세 가지 유형으로 나눠서 볼 수 있다. 첫 번째는 상태를 나타내는 명사가 일반적인 물리적 장소 명사인 경 우로, 한국어의 '구렁이, 낭떠러지', 중국어의 '泥淖, 泥坑, 泥沼' 등을 전형적인 예로 들 수 있다. 두 번째는 상태를 나타내는 명사 가 원래 장소의 의미를 가지고 있었으나 시간 흐름에 따라 현재 상태로만 사용되는 경우이다. 앞서 논의한 한국어 '지경', 중국어 '境地, 處境' 등 표현들이 이에 해당된다. 세 번째는 상태를 뜻하 는 명사가 물리적 장소와 함께 안 좋은 상태를 가리키는 경우로 중국어의 '田地' 등 표현이 해당 유형으로 볼 수 있다.

(72)에서 (81)까지 '장소-상태' 은유의 다양한 양상을 보여주 고 있다. 은유적 표현에서 구체적인 장소로 나타난 상태를 살펴 보면, 정적인 상태와 동적인 상태로 나눌 수 있다. 예문 (72)와 (73)으로 다시 예를 들어, 정적인 상태와 동적인 상태를 논의하 도록 하겠다.

(72) ㄱ. 밑바닥에 떨어져 보지 않은 사람은 인간 심리의 밑바 닥을 못 본다. (J)

(73) ㄱ. 一度 暢銷的 科幻小說在 上世紀90年代陷入 低谷. (G)
    한 때 잘 팔리다 의 과학 환상 소설 -에 지난 세기 90
    년대 빠지다 저골
    (한 때 잘 팔렸던 공상과학소설은 1990년대에 밑바 닥에 머물렀다.)
  ㄴ. 目前 美俄 關系 處于 低谷. (R)
    현재 미국·러시아 관계 처하다 -에 저골, 낮은 골짜기

(현재 미국과 러시아의 관계는 안 좋다.)

(72ㄱ)에서는 떨어진다는 동사로 '위로부터 아래로'의 위치 변화, 중국어 예문 (73ㄱ)에서는 '陷入', 즉 빠진다는 동사로 '원래의 장소로부터 현재의 장소로'의 변화를 보여주었다. 상태는 장소로 개념화되기 때문에 여기서 장소의 변화는 곧 상태의 변화라고 볼 수 있다. 그러므로 이러한 상태는 동적인 상태이다. 반면 (73ㄴ)에서 동사 '있다'로 장소가 변하지 않음을 뜻한다. 이러한 경우, 정적인 상태라고 한다.

상태는 항상 똑같이 유지되어 있는 것이 아니라 수시로 변화가 가능하다. 따라서 상태의 변화도 이러한 개념적 은유 중의 하나라고 간주해야 한다. '상태'가 '장소/위치'이기 때문에 '상태의 변화'라면 당연히 '장소/위치의 변화'라고 할 수 있을 것이다. 다시 정리하자면, '장소-상태' 은유는 '상태는 장소'와 '상태의 변화는 장소의 변화'인 두 가지 사상을 가지고 있다[121].

'장소-상태' 은유의 두 사상을 바탕으로 영상 도식을 만들어 보자. 장소를 언급할 때 흔히 '안에 있다', '밖에 없다'고 하듯이 우리는 장소를 하나의 그릇(또는 한정된 공간 구역)으로 생각하게 된다. 은유 표현의 '주제(theme)'를 'T'로 하고 장소 또는 상태를 하나의 그릇(여기서는 원형 그림으로 대체)로 표시 하면 <그림8>과 같은 두 가지 영상 도식을 만들어 낼 수 있다.

---

[121] Yu(1998:147)에서 "For the aspect of state, the mapping is given in below as (A). Closely related to the aspect of state is the aspect of change, and the mapping that should go with (A) is (B).
  A. STATES ARE LOCATIONS (BOUNDED REGIONS IN SPACE)
  B. CHANGE OF STATES ARE CHANGE OF LOCATIONS"

<그림8> '장소-상태' 은유의 영상 도식 [122]

---

[122] 영상 도식은 Yu(1998:147-148)를 참고해서 정리하였다.

11. 결론

　이 연구에서는 한국어와 중국어에 나타난 개념적 은유 특히 이동 사건을 중심으로 한 개념적 은유에 대해 전체적으로 살펴보고, 한국어와 중국어를 비교, 대조하여 양 언어 간의 공통점과 차이점을 알아보고자 하였다.
　먼저 개념적 은유를 구조적 은유, 존재론적 은유, 지향적 은유의 세 가지 유형으로 나눠서 한국어와 중국어에 나타난 개념적 은유 표현을 대조 분석하였다. 개념적 은유 이론을 바탕으로 하여 이 논문에서 논의한 바를 요약하면 다음과 같다.
　6장에서는 지금까지 '사물'이 아닌 '사건'이나 '상태'의 개념적 은유에 대한 한국 국내외의 연구 성과를 살펴보면서 그 동안의 논의, 특히 한국어의 논의가 체계적으로 진행되지 못하였을 뿐만 아니라 본격적인 연구 대상으로 간주되지도 못하였음을 지적하였다.
　7장에서는 본 논의의 이론적 배경을 소개하는 내용으로 먼저 개념적 은유 이론에 대해 알아보면서 개념적 은유의 특성과 구조적 은유, 존재론적 은유, 지향적 은유인 세 가지 유형을 정리하였다. 또한 각기 다른 언어문화를 기반으로 한 개념적 은유를 논의할 때 흔히 언급된 보편적 은유와 언어 특수적 은유에 대해 알아보았다. 그러한 다음 개념적 은유의 영상 도식에 관해 그릇 도식, 중심-주변 도식, 경로 도식인 세 가지를 중심으로 살펴보았다. 아울러 본 논의에서 자주 언급하는 체험주의에 대해서도 간추려 소개하였다. 7.1 소절에서 구조적 은유의 개념과 설명을 하면서 사건의 구조적 은유가 어떻게 되어 있는지를 살펴보고 '사건'의 개념적 은유 연구의 필요성을 다시 한 번 확인하였다. 개념적 은유에서 '사건'과 '사건의 구조'란 통사론이나 문법론에서 정의하는 바와 달리, 개념적인 측면에서 바라본 개념인 것을 논의하였다. 마지막으로 개념적 측면에서 바라본 사건 구조의 특성으로 아래와 같은 세 가지가 있음을 밝혔다. 첫째, 사건의 개념적 은유는 '이중성(duality)'을 지닌다. 곧 사건의 여러 개념들이 장소뿐만 아니라 대상으로도 인식 가능하다. 둘째, 사건 개념적 은유의 하위 구조는 상위 구조를 계승한다. 즉, '위계성(inheritance hierarchy)'을 가진다. 셋째, 사건 개념적 은유의 '중심적 사상'은 사건은 이동(EVENTS ARE MOVEMENTS)이다. 사건의 모든 개념들이 이동과 밀접한 관계를 가지고 있다.

본론인 8장, 9장, 10장에서는 7장에서 논의한 이론에 입각하여 3개월 동안 신문에서 추출된 은유 표현을 수집, 정리한 후, 크게 구조적 은유, 존재론적 은유와 지향적 은유인 세 유형으로 나눠서 살펴보았다. 구조적 은유에서는 [변화], [원인], [행동], [목적], [방식] 등으로, 존재론적 은유에서는 [속성], [변화], [목적], [어려움] 등으로 세분화하여 한국어와 중국어의 은유 표현을 대조 분석하였다. 또한 각 은유의 하위 사상(sub-mapping) 및 영상 도식(image schema)에 대한 논의를 진행하였다. 이 외에 지향적 은유의 이론에 기반을 하여 보다 넓은 의미에서의 한국어와 중국어의 '위치' 은유 표현을 분석하였고 관련 분석 결과에 기대어 한국어와 중국어 지향적 은유의 공통점과 차이점을 밝혔다.

한국어와 중국어의 개념적 은유 표현을 신문 기사에서 추출된 은유 표현과 해당 표현에 쓰이는 형용사나 동사의 사전적 의미 분석으로 살펴보았다. 한국어와 중국어의 사전 의미 분석과 은유 표현의 비교를 통해, 한국어와 중국어에 개념적 은유의 복합체가 비슷하게 존재하고 있음을 확인할 수 있었다. 또한 해당 은유 표현의 수량 분포로 볼 때, 한국어와 중국어에서 모두 이동을 중심으로 하는 구조적 은유 표현이 더 많이 사용되고 있음을 확인할 수 있었다. 이는 인간이 신체적으로 대상보다 공간적인 장소와 이동을 더욱 잘 인지하고 있는 것에서 기인한다고 본다. 그 외에 지향적 은유의 언어 표현을 살펴본 결과, 중국어가 다양한 양상을 보여 주었다. 이처럼 특수적 은유의 존재는 인간의 신체 외에, 언어와 문화에 연관되어 있는 것에서 비롯된다.

우리가 갖고 있는 개념은 환경이나 경험과 직접적인 관련을 갖고 있다. 그러므로 다른 언어와 문화 배경을 가진 한국인과 중국인들이 모두 같은 은유를 사용하지는 않는다. 한국인과 중국인의 생태 문화, 즉 자연 환경이 다르기 때문에 은유의 언어 표현에 있어서 한국어에서는 물과 관련된 표현이 많은 반면 중국어에서는 '田地(전지, 논과 밭)'처럼 육지와 관련된 표현이 더 많이 쓰이고 있다.

 지향적 은유의 하위 사상인 [답답한 상태는 막힌 장소]라는 은유는 한국어에서 발견하지 못하지만 중국어에 보편적으로 존재한다. 반면에 '이동-변화' 속에 [우연적인 변화는 우연적인 이동]이라는 은유는 중국어에서 발견되지 않았지만 한국어에 존재한다. 그 외에 언어 표현에도 한국어와 중국어는 많은 차이점을 보여주었다. 이러한 차이는 개념적 은유의 문화적 변이(cultural variation) 때문에 나타난다.

 Kövecses(2002)에서 문화적 변이가 일어난 원인을 다음과 같은 두 가지로 지적하였다. 첫 번째 요인은 특정 문화를 지배하는 원리나 특정 문화에서만 통하는 주요 개념과 관련된 문화적 맥락(cultural context)이며 두 번째 요인은 특정 문화가 존재 하는 자연적, 물리적 환경(natural and physical environment)이다. '변화-이동' 은유 표현에 있어서, 한국어에서 수상의 이동으로 변화를 개념화하는 경우가 훨씬 많다는 것을 알 수 있었다. 이는 곧 한국의 자연적, 물리적 환경에서 기인한 차이라고 볼 수 있다.

 은유에는 총칭적 은유와 특정적 은유가 있다. 특정적 은유는 같은 일반적인 구조를 보여준다는 의미에서 총칭적 은유의 실례가 된다. 따라서 하위층위의 실례는 상위층위의 은유와 일치한다. 하위층위의 실례는 상위층위의 은유에게 제공하는 구체적인 내용에서만 차이가 날 뿐이다(Kövecses 2005:130). 이는 한국어와 중국어의 개념적 은유 표현에 공통점과 차이점이 나타나는 이유라고 볼 수 있다. 또한 은유는 인간의 사고방식으로 문화를 기반으로 하고 있다. 따라서 문화의 차이와 차별성도 은유를 다르게 유발하는 원인임을 다시 한 번 확인할 수 있었다.

  본고는 참고할 수 있는 선행 연구가 많지 않은 가운데 한국어와 중국어의 사건 개념적 은유에 대하여 고찰하기 위한 발판을 마련하고자 시도하였다는 데에 그 의의가 있다. 더 개선해야 할 부분이 있겠지만, 사건의 여러 가지 양상들을 인식하고 표현하는 데 다양한 은유가 쓰이고 있다는 점과 이와 같은 은유가 제각각 무작정 쓰이는 것이 아니라 일정한 체계를 가지고 사용되고 있다는 점을 제시할 수 있었다. 그러나 보다 넓은 범위에서 은유 표현을 추출하여 분석하지 못하였다는 데에 아쉬움이 남는다. 또한 각 하위 은유의 언어 표현을 더욱 깊이 분석하지 못한 채 단순하게 분류만 시도하고 간단한 기술만 했다는 생각도 든다. 한국어와 중국어 개념적 은유의 언어 표현에 대해 더욱 체계적으로 고찰하고 깊이 분석하는 것을 중요한 후행 연구 과제로 삼고자 한다.

참고문헌

[1] 강범모(2005),『언어-풀어쓴 언어학 개론』, 한국문화사.

[2] 국립국어연구원(1999),『표준국어대사전』, 두산동아.

[3] 국립국어원(2005),『외국인을 위한 한국어 문법1』, 커뮤니케이션북스.

[4] 권도경(2005), "국어 어휘의 다양성 연구", 서울대학교 박사학위논문.

[5] 김동환(2005),『인지언어학과 의미』, 태학사.

[6] 김동환(2009),「개념적 은유의 문화 간 차이 연구」,『인문과학연구』제11집, 인문과학연구소, 1-18쪽.

[7] 김미형(2009),『인지적 대조언어학의 방법론 연구-한국어와 영어를 대상으로』, 한국문화사.

[8] 金鎭海(2010),「概念的 隱喩와 文法 範疇-時間 隱喩를 중심으로-」,『語文論集』제43집, 민족어문학회, 149-174쪽.

[9] 吉本一(2006),「시선의 은유에 대한 인지언어학적 연구」,『한국어 의미학』제20집, 한국어의미학회, 161-186쪽.

[10] 남기심, 고영근(1985),『표준국어문법론』, 탑 출판사.

[11] 노양진(2007),「다원주의적 문화 해석: 체험주의적 접근」,『철학연구』제101집, 대한철학회, 49-69쪽.

[12] 동 월(2013),「중국인 학습자를 위한 한국어 '마음'과 중국어 '心'의 개념 은유적 대조 연구」, 경희대학교 대학원 석사논문.

[13] 류재복(1992),「반의어 '오다' '가다'의 의미 연구」, 전북대학교 석사학위논문.

[14] 박영순(1996),『한국어 의미론』, 고려대학교 출판부.

[15] 박영순(2000),『한국어 은유 연구』, 고려대학교 출판부.

[16] 박영순(2006),「은유 연구의 성과와 방법론」,『한국어 의미학』제20집, 한국어 의미학회, 1-28쪽.

[17] 박정구(2000),「중국어 허화의 원리와 조건」,『중국어 언어 연구』제10집.

[18] 박정운(2001),「개념적 은유 이론」,『언어와 언어학』제28집, 한국외대 외국어 종합연구센터 언어연구소, 85-107쪽.

[19] 박종한(1992),「현대 중국어 동사 '來'와 '去'의 문법적 특성」,『성심여대논문집』제24집.

[20] 백봉자(2003),『외국어로서의 한국어 문법 사전』, 연세대학교 출판부.

[21] 서 은(2004),「공간어에 나타나는 개념적 은유 연구」, 이화여대 석사논문.

[22] 서정수(1996),『국어문법』, 한양대 출판원.

[23] 신홍명(2004),「'가다'의 의미 확장에 대한 연구」, 건국대학교 석사학위논문.

[24] 尹敬愛·鄒愛芳(2009),「한국어와 중국어의 개념적 은유에 대한 일고찰」,『중국 인문학』43집, 중국인문학회, 159-174쪽.

[25] 악호염(2013),「한중 공간 개념어 대조 연구」, 경희대학교 대학원 석사논문.

[26] 양태영(2006),「[젊음]에 대한 개념적 은유」,『담화와 인지』제13권 1호, 담화·인지 언어학회, 111-132쪽.

[27] 윤석훈(2012),「한중 '사랑/愛情' 개념적 은유 표현 연구」, 한국외국어대학교 대학원 석사논문.

[28] 이광호(2004),『국어 어휘 의미론』, 월인.

[29] 이건환(1996),「국어 이동 동사의 의미 분석」, 전남대학교 석사학위논문.

[30] 이기동(1977),「동사 '오다', '가다'의 의미 분석」,『말』제2집.

[31] 이기동(2000),「동사 '가다'의 의미」,『한글』제247집.

[32] 이기동(2000),「'GO'의 의미 분석」,『담화와 인지』제7권 1호, 담화·인지 언어학회, 123-154쪽.

[33] 이종열(1998), "'가다'의 다의성에 대한 인지의미론적 연구",『한국어 의미학』제3집.

[34] 이선희(2009),「한중 문학작품 번역 속의 '화'의 개념화 양상-개념적 은유, 환유 이론의 관점에서」,『중국어문학』제54집, 영남중국어문학회, 409-434쪽.

[35] 이선희(2010a),「한중 '얼굴'의 의미 확장과 개념화 양상」,『중국어문학』55집, 영남중국어문학회, 411-438쪽.

[36] 이선희(2010b),「한중 '기쁨'의 개념화 연구」,『중국어문학지』34집, 중국어문학회, 391-422쪽.

[37] 이선희(2011a),「한중 '화'의 개념적 은유」,『중국어문학』57집, 영남중국어문학회, 373-388쪽.

[38] 이선희(2011b),「한중 '애정' 은유표현-개념적 은유의 관점에서」,『중국어문학』58집, 영남중국어문학회, 2011b: 381-401쪽.

[39] 이수련(2001),『한국어와 인지』, 박이정.

[40] 이종열(2003),『비유와 인지』, 한국문화사.

[41] 이재성(2006),「과거사건의 구조와 과거사건 인식 방식」,『한글』271호, 한글학회, 77-106쪽.

[42] 임지룡(1997),『인지의미론』, 탑출판사.

[43] 임지룡(2000),「'화'의 개념화 양상」,『언어』제25집, 한국언어학회, 693-722쪽.

[44] 임지룡(2001a),「'긴장'의 개념화 양상」,『담화와 인지』제8집, 담화·인지 언어학회, 205-227쪽.

[45] 임지룡(2001b),「'두려움'의 개념화 양상」,『한글』제252집, 한글학회, 109-143쪽.

[46] 임지룡(2001c),「'기쁨'과 '슬픔'의 개념화 양상」,『國語學』제37집, 국어 학회, 109-142쪽.

[47] 임지룡(2002),「시간의 개념화 양상」,『語文學』제77집, 한국어문학회, 201-222쪽.

[48] 임지룡 외 3인 옮김(2004),『인지언어학 키워드 사전』, 한국문화사.

[49] 임지룡(2005a), 「'사랑'의 개념화 양상」, 『語文學』제87집, 한국어문학회, 201-233쪽.

[50] 임지룡(2005b), 「'부끄러움'의 개념화 양상」, 『語文學』제89집, 한국어문학회, 27-56쪽.

[51] 임지룡(2006), 「개념적 은유에 대하여」, 『한국어 의미학』제20집, 한국어 의미학회, 29-60쪽.

[52] 임지룡·임혜원(2006), 「연결 도식과 그 은유적 확장」, 『한글』제276집, 한글학회, 105-132쪽.

[53] 임채훈(2007), 「국어 문장 의미 연구-사건과 발화상황을 중심으로」, 경희대학교 일반대학원 박사논문.

[54] 임혜원(2003), 「한국어 대화에 나타난 수직공간 개념화 은유」, 『담화와 인지』제10권 1호, 담화·인지 언어학회, 217-239쪽.

[55] 임혜원(2004), 『공간 개념의 은유적 확장』, 한국문화사.

[56] 연승하(2013), 「현대중국어 '上', '下'의 은유의미 분석」, 고려대학교 대학원 석사학위논문.

[57] 정윤철(2002), 「중국어 '來'와 '去'의 의미확장양상 고찰」, 『중국학 연구』제23집.

[58] 정현애(2013), 「시간의 공간은유 한중 대조-한국어 앞/뒤와 중국어 前/後를 중심 으로」, 『중국언어연구』제49집, 한국중국언어학회, 129-158쪽.

[59] 정희자(2004), 『담화와 비유어』, 한국문화사.

[60] 주려빈·서진숙(2015), 「한중 이동 은유 표현 연구」, 『한국사상과 문화』제80집, 한국사상과 문화 학회, 295-316쪽.

[61] 최지훈(2010),『한국어 관용구의 은유·환유 연구-인지의미론적 관점을 중심으로』, 혜안.

[62] 최창렬(1999),『말과 의미』, 집문당.

[63] 췌이펑훼이(2012),「공간 은유에 대한 한·중 비교 연구-어휘소 마음을 중심으로」,『한국어의미학』 제37집, 한국어의미학회, 291-308쪽.

[64] 한글학회(1992),『우리말 큰 사전』, 어문각.

[65] 한지오(2013),「한국어 시각형용사에 대한 인지의미론적 분석」, 숙명여자대학교 대학원 석사논문.

[66] 허성도 譯(1997),『현대 중국어 어법론』, 사람과 책.

[67] 허성도(2002),「現代漢語의 '來/去' 구문 연구」,『중국언어연구』 제15집.

[68] 北京大學中文系現代漢語教研室(2004),『現代漢語』(重排本), 商務印書館.

[69] 陳家旭(2004),「英漢隱喻認知對比研究」, 華東師範大學博士論文.

[70] 陳璐露(2002),「從對容器隱喻的掌握情況看中國學生對英語概念隱喻的學習」, 對外經濟貿易大學 碩士論文.

[71] 符淮青(1983),『現代漢語詞彙』, 北京大學出版社.

[72] 馮曉虎(2004),『隱喻――思維的基礎 篇章的框架』, 對外經濟貿易大學出版社.

[73] 高遠·李福印(2007),『喬治·來考夫認知語言學十講』, 外語教學與研究出版社.

[74] 胡裕樹, 范曉(1996),『動詞研究』, 河南大學出版社.

[75] 賈彦德(1991),『漢語語義學』,北京大學出版社.

[76] 蔣國輝(1988),「'來','去'析」,『求是學刊』第6期.

[77] 藍純(2005),『認知語言學與隱喻研究』,外語教學與研究出版社.

[78] 李福印(2008),『認知語言學槪論』,北京大學出版社.

[79] 李一李(2011),「事件結構隱喻在英漢股市分析中的對比研究-以英漢股市語料庫爲例」,遼寧師範大學 碩士論文.

[80] 李一李(2012),「事件結構隱喻硏究綜述」,『理論觀察』, 46-49.

[81] 劉宇紅(2011),『隱喻的多視角研究』,世界圖書出版社.

[82] 劉月華(1988),「關於趨向補語'來','去'的幾個問題」, 『語言研究』1988年第1期.

[83] 呂叔湘 外(1980),『現代漢語八百詞』(1999增訂版),商務印書館.

[84] 呂叔湘(1987),『呂叔湘論語文教學』,山東教育出版社.

[85] 孟琮 外(2003),『漢語動詞用法詞典』,商務印書館.

[86] 彭昌柳(2006),「英漢媒體經濟語篇中的事件結構隱喻」,廈門大學 碩士論文.

[87] 束定芳(2000),『隱喩學硏究』,上海外語教育出版社.

[88] 閻 蕾(2009),「中韓隱喻對比研究-以感情隱喩爲中心」,中國海洋大學 碩士論文.

[89] 袁紅梅(2013),「淺析英漢基本情感槪念中的事件結構隱喩」,『語言應用研究』,158-160.

[90] 王寅(2007),『認知語言學』,上海外語教育出版社.

[91] 王寅(2010),『什麼是認知語言學』,上海外語教育出版社.

[92] 王文斌(2007),『隱喻的認知構建與解讀』,上海外語教育出版社.

[93] 朱德熙(1984),『語法講義』,商務印書館.

[94] Croft, William(1998),「The Structure of events and the structure of language」,『The New Psychology of Language: Cognitive and Functional Approaches to Language Structure』, Mahwah, NJ: Lawrence Erlbaum Associates, pp67-92.

[95] D. Lee(2001),『Cognitive Linguistics: An Introduction』, Oxford University Press.

[96] 임지룡·김동환 옮김(2003),『인지언어학 입문』, 한국문화사.

[97] Fauconnier, G.(2005),「Cognitive linguistics」,『Encyclopedia of Cognitive Scienc e』, New Jersey. Wiley.

[98] Fisiak, J.(1981),『Contrastive Linguistics and the Language Teacher』, Oxford, Pergamon.

[99] Ungerer&H-J. Schmid(2007),『An Introduction to Cognitive Linguistics 02 Edition』, Pearson Education Limited. 임지룡·김동환 옮김(2010),『인지언어학개론: 개정판』, 태학사.

[100] Johnson, M.(1987),『The Body in the Mind』, Chicago: The University of Chicago Press. 노양진 옮김(2000),『마음속의 몸』, 철학과 현실사.

[101] Keshavmurti(1991),『Space and Time』, New Delhi:

Sterling Publishers.

[102] Kissell, Lorreta L.(2007), 「High Hopes and Current Realities: Conceptual Metaphors and Meaning for English Language Learners at the Community College」, 『Dissertation』, The University of Arizona.

[103] Kővecses, Z.(2000), 『Metaphor and Emotion: Language, Culture, and Body in Human Feeling』, NY: Cambridge University Press.

[104] Kővecses, Z.(2002), 『Metaphor: A Practical Introduction』, Oxford University Press. 이정화·우수정·손수진·이진희 옮김(2003), 『은유-실용입문서』, 한국문화사.

[105] Kővecses, Z.(2005), 『Metaphor in Culture: Universality and Variation』, Cambridge University Press. 김동환 옮김(2009), 『은유와 문화의 만남-보편성과 다양성-』, 연세대학교 출판부.

[106] Kővecses, Z.(2006), 『Language, Mind, and Culture: A Practical Introduction』, NY: Oxford University Press.

[107] Lado, R.(1957), 『Linguistics Across Cultures』, Ann Arbor: Michigan University Press.

[108] Lakoff, George&Mark Johnson(1980), 『Metaphors we live by』, Chicago: The University of Chicago Press. 노양진·나익주 옮김(2006), 『삶으로서의 은유 (수정판)』, 박이정.

[109] Lakoff George(1987), 『Women, Fire, and Dangerous Things』, Chicago: The University of Chicago Press.

[110] Lakoff George(1990),「The Invariance Hypothesis: Is abstract reason based on image-schemas?」,『Cognitive Linguistics』1, pp39-74.

[111] Lakoff George(1993a),「The Contemporary Theory of Metaphor」,『Metaphor and Thought』, Cambridge: Cambridge University Press, pp202-251.

[112] Lakoff George(1993b),「The Metaphor System and Its Role in Grammar」,『Papers from the parasession on the correpondence of conceptual, semantic and grammatical representations』, Chicago: Chicago Linguistic Society, pp217-241.

[113] Lakoff George(1994),「What is a conceptual system?」,『The Nature and Ontogenesis of Meaning』, Hillsdale, NJ: Lawrence Erlbaum, pp41-90.

[114] Lakoff&Johnson(1999),『Philosophy in the Flesh』, New York: Basic Books. Langacker, R.(1991),『Foundations of Cognitive Grammar Vol.Ⅱ』, California: Stanford University Press. 김정도 옮김(1999),『인지문법의 토대Ⅱ』, 박이정.

[115] Levin&Rappaport H(2005),『Argument Realization』, New York: Cambridge University Press.

[116] Peña, M. S.(2003),『Topology and Cognition: What Image-schema Reveal about the Metaphorical Language of Emotion』, Muenchen: Lincom Europa. 임지룡·김동환 옮김(2006),『은유와 영상도식』, 한국문화사.

[117] Pinker S(1989), 『Learnability and Cognition: The Acquisition of Argument Structure』, Cambridge, MA: MIT Press.

[118] Radden, Gunter(1995), 「Motion metaphorized: the case of coming and going」, 『Cognitive Linguistics in the Redwoods』, Berlin: Mouton de Gruyter, pp423-458.

[119] Reyadh Aldokhayel(2009), 『The Event Structure Metaphor: The Case of Arabic』, VDM Verlag.

[120] Rosen, T(2003), 「The Syntactic Representation of Linguistic Events」, 『The 2nd State of the Article Book』, Berlin: Mouton de Gruyter, pp322-351.

[121] R. W. Gibbs(1994), 『The Poetics of Mind: Figurative Thought, Language, and Understanding』. Cambridge University Press. 나익주 옮김(2003),『마음의 시학: 비유적 사고·언어·이해』, 한국문화사.

[122] Saeed, John I(1997/2003), 『Semantics』, Oxford: Blackwell Publishing.Turner, M.(2008), 『Frame Blending in Frames, Corpora, and Knowledge Representation』, Bologna: Bononia University Press.

[123] Ullmann, S.(1962), 『Semantics: An Introduction to the Science of Meaning』, Oxford: Basil Blackwell. (남성우 역(1987),『의미론: 의미과학입문』, 탑 출판사.)

[124] Yu Ning(1998), 『The contemporary theory of metaphor: a perspective from Chinese』, Human cognitive

processing.

<자료>

[1] 국립국어원(1999),『표준국어대사전』, 두산동아. http://stdweb2.korean.go.kr

[2] 中國社會科學院語言研究所詞典編輯室(2005),『現代漢語詞典』(第5版), 商務印書館.

[3] 경향신문 http://www.khan.co.kr

[4] 조선일보 http://www.chosun.com

[5] 人民日報 http://www.people.com.cn

[6] 光明日報 http://www.gmw.cn

부록

한·중 개념적 은유의 언어적 표현 양상

1. 구조적 은유의 언어적 표현 양상

하위 은유	언어 표현의 유형		구체적인 용례	
	한국어	중국어	한국어	중국어
'이동변화' 은유	이동을 나타내는 자/타동사		내디디다 뛰어들다 유입되다 빠지다 떨어지다 날아오다 돛을 올리다 날아오르다 	迈出 走入 下滑 陷入 跌至 扬帆 起飞 腾飞 软着陆
'힘원인'은유	1) 사역 동사, '력' 명사, 사동법 2) 사물을 옮기게 함을 뜻하는 타동사		1) 끌어올리다 이끌다 추진력 원동력 게 하다 2) 보내다 가져다주다 가져오다 	1) 带动 推动 促使 动力 原动力 把/让... 2) 送去 带来 带来 传递 注入

하위 은유	언어 표현의 유형		구체적인 용례	
	한국어	중국어	한국어	중국어
'움직임 -행동' 은유	1) 자체 추진적인 이동을 뜻하는 동사 2) 의도적인 획득이나 상실을 뜻하는 타동사		1) (걸음) 내디디다 제자리걸음하다 박차를 가하다 드라이브 걸다 - 첫 시동을 걸다 첫걸음을 떼다 - 한 걸음씩 가다 - - 2) 버리다 없애다 받아들이다	1) 加快步伐 大步迈向 - 加足马力 跳过 - 迈出新步伐 走出新道路 一步步前进 一步一个脚印 有序推进 2) 抛弃 根除 吸取
'목적지 -목적' 은유	-를 향해+동사	동사, 위치 명사	-에 다가서다 -향해 뛰다 -향해 나아가다 - -	迈向 奔向 朝着...前进 出发点和归宿 高峰
'경로- 수단' 은유	경로를 뜻하는 명사		루트 활로 궤도 통로 발판 지름길 - -	道路 活路 轨道 途径 跳板 捷径 快车道 桥梁
			- - - -	渠道 门路 门径 门道

2. 존재론적 은유의 언어적 표현 양상

하위 은유	언어 표현의 유형		구체적인 용례	
	한국어	중국어	한국어	중국어
'사물-속성' 은유	명사 +소유를 뜻하는 동사		가지다 안겨주다 - -	有 - 拥有 充满
'이동-변화' 은유	획득 또는 상실을 뜻하는 타동사		얻다 잃다	得到 失去
'목표물-목적' 은유	-기 위해+동사	동사, 보조동사	거두다 원하다	希望得到 想要
'장애물-어려움' 은유	구체적인 사물이나 물질 명사	구체적인 사물이나 물질 동물 명사	장벽 울타리 걸림돌 - -	壁垒 藩篱 绊脚石 荆棘 拦路虎

3. 지향적 은유의 언어적 표현 양상

하위 은유	언어 표현의 유형		구체적인 용례	
	한국어	중국어	한국어	중국어
'장소 - 상태' 은유	위치나 장소 명사		벼랑 끝 밑바닥 구렁텅이 심연 터널 함정 늪 수렁 진창 곤경 -	悬崖 低谷 低潮 深渊 - 陷阱 泥潭 泥淖 泥坑 困境, 绝境 处境, 田地